स्विंग ट्रेडिंग

भावेश भावसार

क्रम-सूची

स्विंग ट्रेडिंग

तकनीकी रूप से स्विंग ट्रेडिंग*(Swing Trading in Hindi)* तब होती है जब स्टॉक ट्रेंड और सुधारों के बीच रुक जाता हैं और फिर नए ट्रेंड की दिशा में आगे बढ़ना शुरू कर देता हैं। यह सबसे सही समय होता है जिसे स्विंग ट्रेडर को उपयोग करना चाहिए, क्योंकि जोखिम का सबसे कम खतरा होता है और पूरी कैपिटल का उपयोग करना चाहिए। एसएमए का उपयोग करना: एक अन्य लोकप्रिय स्विंग ट्रेडिंग पद्धति सिंपल मूविंग एवरेज (एसएमए) लाइन का उपयोग कर रही है। एसएमए एक निरंतर अपडेटिंग लाइन है जहां प्रत्येक डेटा बिंदु किसी संपत्ति की औसत कीमत का प्रतिनिधित्व करता है। 10 और 20 दिन एसएमए नॉइज़ को सुचारू करते हैं।ईएमए क्रॉसओवर का उपयोग स्विंग ट्रेडिंग में समय प्रविष्टि और निकास बिंदुओं के लिए किया जा सकता है। *A basic EMA crossover system can be used by focusing on the nine-, 13- and 50-period EMAs.*

यहाँ पे इस पुस्तक में दी गई जानकारी के आधार पर आप अपना स्विंग ट्रेडिंग का इस्तेमाल कर सकते ह। मेने आप को ये बेसिक नॉलेज प्रदान किया है जो आप को आगे बढ़ने में मदद करेगा।

1

स्विंग ट्रेडिंग क्या है? (What is Swing Trading?)

स्विंग ट्रेडिंग ट्रेडिंग की एक शैली (Style) है जो कुछ दिनों से लेकर कई हफ्तों तक स्टॉक में अल्पकालिक से मध्यम (Short Term to Medium Term) अवधि के लाभ (Profit) पर कब्जा (Capture) करने का प्रयास करती है। स्विंग व्यापारी मुख्य रूप से तकनीकी विश्लेषण (Technical Analysis) का उपयोग करते हैं और नए व्यपार की खोज करते है

<u>मुख्या पॉइंट (Main Point)</u>

1. स्विंग ट्रेडिंग (Swing Trading) में एक प्रत्याशित (an Expected) मूल्य (price) चाल से लाभ के लिए कुछ दिनों से लेकर कई महीनों (A few days to several months) तक चलने वाले ट्रेडों (Trades) को शामिल करना है।

2. स्विंग ट्रेडिंग एक व्यापारी को रात भर और सप्ताहांत के जोखिम (weekend perils) के लिए उजागर (Expose) करती है, जहां कीमत में अंतर हो सकता है और अगले सत्र (Next session) को काफी अलग कीमत पर खोल (Open) सकता है।

3. स्विंग ट्रेडर्स स्टॉप लॉस और प्रॉफिट टारगेट के आधार पर एक स्थापित जोखिम इनाम अनुपात (Risk Reverd Ratio) का उपयोग करके लाभ ले सकते हैं, या वे तकनीकी संकेतक या मूल्य कार्रवाई आंदोलनों के आधार पर लाभ या हानि (Profit or Loss) ले सकते हैं।

<u>स्विंग ट्रेडिंग को समझना (*Understanding Swing Trading*):</u>

"स्विंग ट्रेडिंग में एक पोजीशन रखना शामिल होता है लंबा या छोटा एक से अधिक ट्रेडिंग सत्र (*Long or Short Multiple Trading Session*) के लिए, लेकिन आमतौर पर कई हफ्तों या कुछ महीनों से अधिक नहीं। यह एक सामान्य समय सीमा है, क्योंकि कुछ ट्रेड कुछ महीनों से अधिक समय तक चल सकते हैं, फिर भी व्यापारी उन्हें स्विंग ट्रेडों पर विचार कर सकते हैं। स्विंग ट्रेड एक ट्रेडिंग सत्र के दौरान भी हो सकते हैं, हालांकि यह एक दुर्लभ परिणाम है जो बेहद अस्थिर परिस्थितियों के कारण होता है। (*Swing trades can also occur during a trading session, although this is a rare outcome due to extremely volatile conditions*)"

"स्विंग ट्रेडिंग का लक्ष्य संभावित मूल्य चाल (*Potential Value*) के एक हिस्से पर कब्जा (*Capture*) करना है। जबकि कुछ व्यापारी बहुत सारे आंदोलन के साथ अस्थिर स्टॉक की तलाश करते हैं, अन्य अधिक शांत स्टॉक पसंद कर सकते हैं। किसी भी मामले में, स्विंग ट्रेडिंग यह पहचानने की प्रक्रिया है कि किसी परिसंपत्ति की कीमत आगे बढ़ने की संभावना है, और एक स्थिति में प्रवेश कर रही है, और फिर लाभ का एक हिस्सा (*a part*) कब्जा (*capture*) कर रहा है सफल स्विंग ट्रेडर केवल अपेक्षित मूल्य चाल के एक हिस्से पर कब्जा करना चाहते हैं, और फिर अगले अवसर पर आगे बढ़ते हैं। (*Successful swing traders only want to capture a portion of the expected price move, and then move on to the next opportunity.*)"

- प्रत्येक प्रकार के व्यापार के अपने फायदे और नुकसान हैं। स्विंग ट्रेडिंग कम से कम 1 दिन और कई हफ्तों तक बाजार के उतार-चढ़ाव से लाभ उठाने की कोशिश करने के अभ्यास को संदर्भित करता है
- यदि स्टॉप लॉस तकनीकों का उपयोग करके नुकसान को स्वीकार्य स्तर तक रखा जा सकता है, तो स्विंग ट्रेडिंग लाभदायक हो सकती है और अल्पकालिक और दीर्घकालिक बाजार आंदोलनों दोनों के बारे में जानने के लिए एक अच्छा परिप्रेक्ष्य प्रदान करती है।
- स्विंग ट्रेडिंग का नकारात्मक पक्ष यह है कि आपको ट्रेडों को प्रबंधित करने के लिए हर समय कड़ी मेहनत करनी चाहिए, जिसका अर्थ है कि आप बाजार की चाल के कारण संभावित मुनाफे से चूक सकते हैं।

- स्विंग ट्रेडिंग के तरीके बाजार के उतार-चढ़ाव को भुनाने (Redeem)के लिए कई तरह के तरीके हैं। कुछ व्यापारी बाजार की दिशा बदलने और विकासशील गति के साथ व्यापार की पुष्टि करने के बाद व्यापार करना पसंद करते हैं।

- "बाजार के अपने मूल्य चैनल के निचले बैंड में गिरने के बाद अन्य लोग लंबे समय तक बाजार में प्रवेश करना चुन सकते हैं - दूसरे शब्दों में, अल्पकालिक कमजोरी खरीदना और अल्पकालिक ताकत बेचना। समय के साथ कौशल और अनुशासन के साथ लागू होने पर दोनों दृष्टिकोण लाभदायक हो सकते हैं।"

- "ऊपरी चैनल लाइन के पास मुनाफा लें। यदि बाजार मजबूत है, तो आप चैनल लाइन के हिट होने का इंतजार कर सकते हैं। यदि यह कमजोर है, तो अपना पहला लाभ प्राप्त करें, जबकि यह अभी भी है। क्या होगा अगर एक मजबूत स्विंग चैनल लाइन को ओवरशूट कर दे? एक अनुभवी व्यापारी अपनी रणनीति में बदलाव कर सकता है और थोड़ी देर तक टिक सकता है, शायद उस दिन तक जब बाजार एक नई ऊंचाई बनाने में विफल रहता है।"

- "एक शुरुआती व्यापारी को चैनल लाइन के हिट होने के बाद मुनाफा लेने की सलाह दी जाती है क्योंकि किसी की ट्रेडिंग योजना के अनुसार मुनाफा लेना सीखना महत्वपूर्ण है।"

- "एक ट्रेडर अपने प्रदर्शन को ट्रेडिंग चैनल की चौड़ाई के प्रतिशत के रूप में माप सकता है। सही ट्रेड बॉटम चैनल लाइन पर खरीदना और टॉप चैनल लाइन पर बेचना होगा, जो कि 100% प्रदर्शन होगा। यदि कोई व्यापारी चैनल के आधे हिस्से पर कब्जा कर लेता है, तो यह 50% प्रदर्शन होगा। लक्ष्य औसत जीतने वाले व्यापार के प्रदर्शन प्रतिशत में लगातार वृद्धि करना है।"

2

स्विंग ट्रेडिंग के फायदे और नुकसान (Advantages and Disadvantages of Swing Trading)

"कई स्विंग ट्रेडर एक पर ट्रेडों का आकलन (*assessment of trades*) करते हैं जिसमे जोखिम और लाभ शामिल है । किसी स्टॉक्स (*Stocks*) के चार्ट का विश्लेषण (*Technical analysis*) करके वे निर्धारित करते हैं कि वे कहाँ प्रवेश करेंगे, (*Determine where they will enter*) और वे कहाँ रखेंगे नुक्सान (*Stop loss*) , और फिर अनुमान लगाएं कि वे लाभ के साथ (*Guess they Profit*) कहां से निकल (*Exit*) कर सकते हैं।

यदि वे एक सेटअप पर Rs: 100 प्रति शेयर का जोखिम उठा रहे हैं जो उचित रूप से Rs :300 का लाभ उत्पन्न कर सकता है, तो यह एक अनुकूल जोखिम औरइनाम अनुपात (*Favorable risk and reward ratio*) है।

स्विंग ट्रेडर अक्सर दैनिक चार्ट पर अवसरों की तलाश करते हैं और सटीक प्रविष्टि, स्टॉप लॉस, और खोजने के लिए 1-घंटे या 15-मिनट के चार्ट देख सकते हैं।लाभ लेने केस्तर। (*Swing traders often look for opportunities on daily charts and may look at 1-hour or 15-minute charts to find accurate entry, stop loss, and take profit levels.*)"

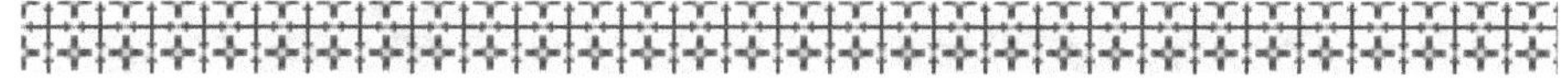

गुण (*A quality*)

- इसे दिन के कारोबार की तुलना में व्यापार करने के लिए कम समय की आवश्यकता होती है।
- यह बाजार के बड़े उतार-चढ़ाव पर कब्जा (*Capture*) करके अल्पकालिक लाभ क्षमता (*Profit Potential*) को अधिकतम (*Maximize*) करता है।
- व्यापारी विशेष रूप से तकनीकी विश्लेषण (*Technical Analysis*) पर भरोसा कर सकते हैं, व्यापार प्रक्रिया को सरल बना सकते हैं।

दोष (*Shortcoming*)

- व्यापार की स्थिति रातोंरात (*Ovedrnight*) और सप्ताहांत (*Weekend*) बाजार जोखिम के अधीन है।
- अचानक बाजार में उलटफेर (*Reversal*) के परिणाम स्वरूप (*The resulting*) काफी नुकसान (*Loss*) हो सकता है।
- स्विंग ट्रेडर्स अक्सर शॉर्ट-टर्म मार्केट मूव्स (*short term market moves*) के पक्ष में लंबी अवधि के रुझानों (*Trends*) को याद करते हैं।

कई स्विंग ट्रेडर ट्रेडों का मूल्यांकन जोखिम/इनाम के आधार पर करते हैं। एक परिसंपत्ति के चार्ट का विश्लेषण करके वे निर्धारित करते हैं कि वे कहां प्रवेश करेंगे, जहां वे स्टॉप लॉस रखेंगे, और फिर अनुमान लगाएंगे कि वे लाभ के साथ कहां से निकल सकते हैं।

स्विंग ट्रेडिंग के गुण:-

स्विंग ट्रेडिंग के फायदे और नुकसान को समझने के लिए, हम पहले स्विंग ट्रेडिंग के खूबियों को समझने के साथ शुरूआत करेंगे:

1.ट्रेडिंग के इस रूप में लगभग 5% – 10% तक का अच्छा रिटर्न मिलता है, जो की एक बहुत छोटी या माध्यम अवधि में अर्जित किया जा सकता है। इसमें निवेश के अन्य पारम्परिक तरीक़ों की तुलना में एक छोटी अवधि और बेहतर तरीक़े से अच्छा रिटर्न मिलता है।

2.दूसरी बात यह है कि इसमें आपको पूरा दिन या लगातार अपने कंप्यूटर पर इंट्राडे ट्रेडिंग की तरह बैठने की आवश्यकता नहीं होती है। स्विंग ट्रेडिंग में आप अपनी फुल टाइम जॉब के साथ भी ट्रेडिंग कर सकते हैं लेकिन इंट्राडे ट्रेडिंग में, स्टॉक मार्केट के अलावा किसी और चीज पर ध्यान केंद्रित करना असंभव होता है।

3. स्विंग ट्रेडिंग में इंट्राडे ट्रेडिंग की तरह आपको लाभ कमाने के लिए सही ट्रेड की खोज में बहुत समय बिताने की आवश्यकता नहीं होती है। इसमें एक बार ट्रेड शुरू करने के बाद आप उनके साथ कुछ दिनों या हफ्तों के लिए काम कर सकते हैं। लेकिन ऐसे मामलों में होल्डिंग पीरियड (स्वामित्व अवधि) दूसरो की अपेक्षाकृत थोड़ी अधिक लंबी होती है।

इसके अलावा, स्विंग ट्रेडिंग के फायदे और नुकसान के बारे में जानने के लिए, अब हम अपका ध्यान स्विंग ट्रेडिंग में होने वाली समस्याओं की और लेकर चलते है :

सबसे पहले बात यह है की आपको स्विंग ट्रेडिंग से लाभ कमाने के लिए आपको स्टॉक के तकनीकी विश्लेषण की अवधारणाओं को समझने में बहुत समय बिताना होगा जिसमें तकनीकी चार्ट, तकनीकी संकेतको को पढ़ना और उनका प्रभावी ढंग से उपयोग करना शामिल है।

स्विंग ट्रेडिंग की कमियां:-

1. यदि इन अवधारणाओं को सही ढंग से लागू नहीं किया जाता है, तो ट्रेड के गलत होने की संभावना कई गुना बढ़ जाती है।

2. स्विंग ट्रेडिंग में कई जोखिम कारक भी शामिल होता है। इसे कोई फ़र्क़ नही पड़ता की आपके पास कितना ज्ञान है और आपने कितना अनुभव प्राप्त किया हुआ है, इसमें कुछ ट्रेड ऐसे भी होते है जहाँ आपको नुकसान उठाना पढ़ सकता है।

स्विंग ट्रेडिंग से जुड़े जोखिम कारकों को कम करने के कुछ अच्छे तरीक़े भी है। जिसमें से एक तरीका यह है कि आप स्विंग ट्रेडिंग के बारे में सभी तरह का ज्ञान प्राप्त करने के लिए अपना समय निवेश करें और दूसरा तरीक़ा यह है कि कोई भी एक ट्रेड शुरू करने से पहले ही हमेशा एक पूर्व-निर्धारित स्टॉप-लॉस तय करे क्यूँकि स्टॉप लॉस आपको बहुत कम समय में होने वाले भारी नुकसान से बचाता है।

3. स्विंग ट्रेडिंग में, गैप अप और गैप डाउन की संभावना बहुत होती है। यदि आपका कोई भी ट्रेड विपरीत दिशा में है और स्टॉक या इंडेक्स गैप अप या गैप डाउन के साथ खुलता है, तो इससे भारी नुकसान हो सकता है और यहां तक कि स्टॉप लॉस भी ऐसे मामलों में सुरक्षा प्रदान करने में सक्षम नहीं होते है।

3

डे ट्रेडिंग और स्विंग ट्रेडिंग (Day Trading & Swing Trading)

"*आमतौर (Normally) पर स्विंग ट्रेडिंग और डे ट्रेडिंग के बीच अंतर, होल्डिंग समय के लिए होता है।*

1. *स्विंग ट्रेडिंग में अक्सर कम से कम ओवरनाइट होल्ड शामिल होता है,*
2. *जबकि दिन के ट्रेडर बाजार बंद होने से पहले पोजीशन बंद कर देते हैं.*
3. *दिन के व्यापार की स्थिति एक दिन तक सीमित होती है*

रात भर होल्ड करके, स्विंग ट्रेडर रातोंरात (Overnight) जोखिम की अप्रत्याशितता (unpredictability)को झेलता (Bears) है जैसे कि अंतराल स्थिति के विपरीत ऊपर या नीचे (up or down as opposed to gap position)। रातोंरात (Overnight) जोखिम लेने से, स्विंग ट्रेडों को आमतौर पर दिन के कारोबार की तुलना में छोटे आकार के साथ किया जाता है (Swing trades are usually done with smaller sizes than day trading)। दिन के व्यापारी आमतौर पर बड़े आकार के आकार का उपयोग करते हैं (Day traders usually use larger draw sizes)

एक स्विंग ट्रेडर बहु-दिवसीय चार्ट पैटर्न की तलाश करता है (A swing trader looking for multi-day chart patterns)। कुछ अधिक सामान्य पैटर्न में मूविंग एवरेज क्रॉसओवर (Moving Averages), कप-एंड-हैंडल पैटर्न (Cup & Handle pattern) शामिल हैं,सिर

और कंधे के पैटर्न (Head & Shoulder patterns) झंडे और त्रिकोण (Flag & Triangle Pattern)। कुंजी उलटमोमबत्ती (Reverse Candle) ठोस बनाने के लिए अन्य संकेतकों के अतिरिक्त इस्तेमाल किया जा सकता है (Can be used in addition to other indicators to solidify)

अंततः, प्रत्येक स्विंग ट्रेडर एक योजना और रणनीति (Strategy) तैयार करता है जो उन्हें कई ट्रेडों पर बढ़त देता है। इसमें व्यापार व्यवस्था की तलाश शामिल है जो परिसंपत्ति (Asset) की कीमत में पूर्वानुमानित(Predictable) आंदोलनों की ओर ले जाती है। यह आसान नहीं है, और हर बार कोई रणनीति या सेटअप काम नहीं करता है। अनुकूल जोखिम और इनाम के साथ, हर बार जीतना आवश्यक नहीं है। एक व्यापारिक रणनीति का जोखिम और इनाम जितना अधिक अनुकूल होता है, उतने ही कम समय में उसे कई ट्रेडों पर समग्र लाभ उत्पन्न करने के लिए जीतने की आवश्यकता होती है। (The more favorable the risk and reward of a trading strategy, the less time it needs to win on multiple trades to generate an overall profit.)

स्विंग ट्रेडिंग से कैसे लाभ उठाएं?

अब जब हम समझ गए हैं कि स्विंग ट्रेडिंग क्या है, तो हम उन रणनीतियों पर चर्चा कर सकते हैं जो निवेशकों को स्विंग ट्रेडिंग से लाभ उठाने की अनुमति दे सकती हैं। आमतौर पर, निम्नलिखित रणनीति निवेशकों को स्विंग ट्रेडिंग से लाभ उठाने में सक्षम बनाती है:

- लार्ज-कैप शेयरों में निवेश करना, जो प्रमुख एक्सचेंजों पर सक्रिय रूप से कारोबार करते हैं और परिणामस्वरूप, नियमित रूप से कीमतों में उतार-चढ़ाव होता है, स्विंग ट्रेडिंग से लाभ के लिए आवश्यक पहली रणनीति है।
- स्विंग ट्रेडिंग से अधिकतम लाभ प्राप्त करने के लिए, बाजार के उन क्षेत्रों में निवेश करना महत्वपूर्ण है जो लंबी अवधि में तेजी या मंदी की प्रवृत्ति नहीं रखते हैं।
- एक अन्य महत्वपूर्ण रणनीति जो निवेशकों को स्विंग ट्रेडिंग से लाभान्वित करने में मदद करती है, वह है कोई भी निवेश करते समय एक्सपोनेंशियल मूविंग एवरेज (ईएमए) का उपयोग करना।
- स्विंग ट्रेडर्स को सही समय पर निवेश करने और लाभ प्राप्त करने के लिए किसी एसेट के बेसलाइन की गति की दिशा पर ध्यान देना चाहिए।

स्विंग ट्रेडिंग के लाभ:

- दिन के कारोबार की तुलना में स्विंग ट्रेडिंग में कम समय लगता है।
- स्विंग ट्रेडिंग अधिकतम लघु से मध्यम अवधि के लाभ की क्षमता प्रदान करती है क्योंकि यह बाजार के झूलों के सबसे महत्वपूर्ण हिस्से को संभव बनाता है।
- स्विंग ट्रेडिंग के लिए एक दिन या लंबी अवधि के व्यापार की तुलना में कम विश्लेषण की आवश्यकता होती है, जिससे अधिक सरलीकृत व्यापार की अनुमति मिलती है।
- स्विंग ट्रेडिंग व्यापारियों को सप्ताहांत बाजार जोखिम के लिए उजागर करती है।
- स्विंग ट्रेडिंग व्यापारियों को अचानक बाजार परिवर्तन और बाजार के झटके के साथ छोड़ देता है।
- स्विंग व्यापारी अक्सर किसी विशेष शेयर या साधन से अधिकतम लाभ प्राप्त करने में असमर्थ होते हैं।
- स्विंग ट्रेडर्स को भालू या बुल मार्केट में लाभ की संभावना कम होती है।

डे ट्रेडिंग बनाम स्विंग ट्रेडिंग *(Day Trading V/s Swing Trading Point)*

- स्विंग ट्रेडिंग और डे ट्रेडिंग के बीच का अंतर, आमतौर पर, पोजीशन के लिए होल्डिंग टाइम होता है।
- स्विंग ट्रेडिंग में अक्सर कम से कम ओवरनाइट होल्ड शामिल होता है, जबकि दिन के ट्रेडर बाजार बंद होने से पहले पोजीशन को बंद कर देते हैं।
- दिन के व्यापार की स्थिति एक दिन तक सीमित होती है जबकि स्विंग ट्रेडिंग में कई दिनों से लेकर हफ्तों तक होल्डिंग शामिल होती है।
- रात भर होल्ड करने से, स्विंग ट्रेडर रातोंरात जोखिम की अप्रत्याशितता का सामना करता है, जैसे कि स्थिति के खिलाफ अंतराल ऊपर या नीचे।
- रातोंरात जोखिम लेने से, स्विंग ट्रेडों को आमतौर पर दिन के कारोबार की तुलना में छोटे आकार के आकार के साथ किया जाता है
- दिन के व्यापारी आमतौर पर बड़े आकार का उपयोग करते हैं और 25% के एक दिन के व्यापारिक मार्जिन का उपयोग कर सकते हैं।

स्विंग ट्रेडिंग रणनीति

- एक स्विंग ट्रेडर बहु-दिवसीय चार्ट पैटर्न की तलाश करता है। कुछ अधिक सामान्य पैटर्न में मूविंग एवरेज क्रॉसओवर, कप-एंड-हैंडल पैटर्न, सिर और कंधे के पैटर्न, झंडे और त्रिकोण शामिल हैं।

- एक ठोस व्यापार योजना तैयार करने के लिए अन्य संकेतकों के अतिरिक्त प्रमुख रिवर्सल कैंडलस्टिक्स का उपयोग किया जा सकता है। (Key reversal candlesticks may be used in addition to other indicators to devise a solid trading plan)
- प्रत्येक स्विंग ट्रेडर एक योजना और रणनीति तैयार करता है जो उन्हें कई ट्रेडों पर बढ़त देता है।
- इसमें व्यापार व्यवस्था की तलाश शामिल है जो परिसंपत्ति की कीमत में पूर्वानुमानित आंदोलनों की ओर ले जाती है। यह आसान नहीं है, और कोई भी रणनीति या सेटअप हर बार काम नहीं करता

4
स्विंग ट्रेडिंग के पॉइंट
(Swing Trading Points)

1. स्विंग ट्रेडिंग कितनी लाभदायक हो सकती है?

"स्विंग ट्रेडर्स का लक्ष्य बहुत सी छोटी जीत हासिल करना है जो महत्वपूर्ण रिटर्न में जोड़ते हैं। उदाहरण के लिए, अन्य व्यापारी 25% लाभ अर्जित करने के लिए पांच महीने तक प्रतीक्षा कर सकते हैं, जबकि स्विंग व्यापारी साप्ताहिक 5% लाभ अर्जित कर सकते हैं और लंबे समय में अन्य व्यापारियों के लाभ से अधिक हो सकते हैं। अधिकांश स्विंग व्यापारी दैनिक चार्ट का उपयोग करते हैं।"

2. क्या स्विंग ट्रेडिंग वास्तव में लाभदायक है?

"अपने अधिकांश शेयरों के लिए 20% से 25% मुनाफे को लक्षित करने के बजाय, लाभ का लक्ष्य 10% से अधिक या कठिन बाजारों में सिर्फ 5% है। इस प्रकार के लाभ आमतौर पर शेयर बाजार में मांगे जाने वाले जीवन-परिवर्तनकारी पुरस्कार नहीं लगते हैं, लेकिन यह वह जगह है जहां समय कारक आता है।"

3. स्विंग ट्रेडिंग के लिए कौन सा संकेतक सबसे अच्छा है?

1. मूविंग एवरेज। (Moving Averages)
2. आयतन। (Volume)
3. सापेक्ष शक्ति सूचकांक (आरएसआई) (RSI)
4. स्टोकेस्टिक थरथरानवाला। (Stochastic oscillator.)

4. ज्यादातर स्विंग ट्रेडर क्यों असफल होते हैं?

- एक सबसे बड़े कारण की ओर ले जाता है कि क्यों अधिकांश व्यापारी शेयर बाजार में व्यापार करते समय पैसा बनाने में विफल रहते हैं: ज्ञान की कमी।
- इससे भी महत्वपूर्ण बात यह है कि वे अपने निवेश जोखिम को कम करने और मुनाफे को अधिकतम करने के लिए सुनिश्चित करने के लिए स्टॉप-लॉस और पोजीशन साइजिंग जैसे मजबूत धन प्रबंधन नियम भी लागू करते हैं।

5. स्केलिंग और स्विंग ट्रेडिंग में क्या अंतर है?

- स्कैल्पिंग उन लोगों के लिए है जो तनाव को संभाल सकते हैं, त्वरित निर्णय ले सकते हैं और उसके अनुसार कार्य कर सकते हैं।
- आपकी समय-सीमा इस बात को प्रभावित करती है कि आपके लिए कौन सी ट्रेडिंग शैली सबसे अच्छी है; स्कैल्पर्स प्रतिदिन सैकड़ों ट्रेड करते हैं और उन्हें बाज़ार से चिपके रहना चाहिए, जबकि स्विंग ट्रेडर कम ट्रेड करते हैं और कम बार चेक इन कर सकते हैं।

6. क्या शुरुआती लोगों के लिए स्विंग ट्रेडिंग या डे ट्रेडिंग बेहतर है?

"शुरुआती आम तौर पर दिन के कारोबार की तुलना में स्विंग ट्रेडिंग से काफी बेहतर होते हैं। ऐसा इसलिए है क्योंकि उत्तरार्द्ध आपको उन प्रमुख निवेशकों के

साथ सीधे प्रतिस्पर्धा में डाल देगा जो अपने खेल में शीर्ष पर बने रहने के लिए अत्याधुनिक तकनीक और सॉफ्टवेयर का उपयोग करते हैं। हालाँकि, स्विंग ट्रेडिंग के लिए एक बुनियादी कंप्यूटर और मुफ्त सॉफ्टवेयर से ज्यादा कुछ नहीं चाहिए।"

7. क्या स्विंग ट्रेडिंग लॉन्ग टर्म से बेहतर है?

- अगर आप लगातार मासिक आय की तलाश में हैं तो स्विंग ट्रेडिंग सबसे अच्छा है।
- लंबी अवधि के निवेशक की तुलना में शेयर बाजार पर स्विंग ट्रेडर का ध्यान अधिक या बहुत अधिक होता है। 5. स्विंग ट्रेडिंग कम से कम जोखिम भरा है और स्टॉप लॉस भी छोटा है।

8. क्या स्केलिंग ट्रेडिंग अवैध है?

"स्कैल्पिंग एक कानूनी व्यापारिक रणनीति है। हालांकि अवैध नहीं है, सभी दलालों द्वारा इसकी अनुमति नहीं दी जा सकती है। यह आमतौर पर ब्रोकर की पसंद का मामला है क्योंकि इसमें कम अवधि में अधिक मात्रा में ट्रेड करना शामिल है।"

9. क्या स्विंग ट्रेडिंग आसान है?

"औसत खुदरा व्यापारी के लिए स्विंग ट्रेडिंग मुश्किल हो सकती है। (*Swing trading can be difficult for the average retail trader*) पेशेवर व्यापारियों के पास अधिक अनुभव, उत्तोलन, सूचना और कम कमीशन है; हालाँकि, वे उन उपकरणों द्वारा सीमित हैं जिन्हें उन्हें व्यापार करने की अनुमति है, वे जोखिम जो वे लेने में सक्षम हैं और उनकी बड़ी मात्रा में पूंजी है। (*Professional traders have more experience, leverage, information and lower commissions; However, they are limited by the instruments they are allowed to trade, the risks they are able to take and the large amount of capital*

they have.)
,,

10. दिन के व्यापारी करोड़पति क्यों नहीं होते?

- अधिकांश दिन व्यापारी घर से काम करते हैं और अधिकांश के सार्वजनिक प्रोफाइल बहुत कम होते हैं। आप निवेशकों के बारे में बहुत कुछ सुनते हैं, दिन के कारोबार/दिन के व्यापारियों के बारे में नहीं।
- एक और कारण है कि कुछ दिन के कारोबार में करोड़पति हैं, पहले स्थान पर दिन के कारोबार में बहुत कम सफल होते हैं, और इसमें महारत हासिल करने में लंबा समय लगता है।

5

स्विंग ट्रेडिंग के लिए ट्रेडिंग नियम (Trading rules for swing trading)

स्विंग ट्रेडिंग के लिए ट्रेडिंग नियमस्विंग ट्रेडिंग के लिए ट्रेडिंग नियम

नीचे दिए गए इन ट्रेडिंग नियमों से आपके स्विंग प्रयासों को अधिक लाभ प्राप्त करने में मदद मिलेगी। कुछ नियमों का पालन करके, आपका व्यापार दृष्टिकोण बिना नियमों के किसी भी व्यापार पद्धति से काफी बेहतर होगा। हम सभी का उद्देश्य रास्ते में लाभ को अधिकतम करना और नुकसान को कम करना है। सफल ट्रेडिंग के लिए अनुशासन की आवश्यकता होती है। और ये दिशानिर्देश आपको संभाव्यता की तलाश में मदद करेंगेनीचे दिए गए इन ट्रेडिंग नियमों से आपके स्विंग प्रयासों को अधिक लाभ प्राप्त करने में मदद मिलेगी। कुछ नियमों का पालन करके, आपका व्यापार दृष्टिकोण बिना नियमों के किसी भी व्यापार पद्धति से काफी बेहतर होगा। हम सभी का उद्देश्य रास्ते में लाभ को अधिकतम करना और नुकसान को कम करना है। सफल ट्रेडिंग के लिए अनुशासन की आवश्यकता होती

है। और ये दिशानिर्देश आपको संभाव्यता की तलाश में मदद करेंगे

1. भावनात्मक नियंत्रण (*Emotional Control*)

- अपने आप को नियंत्रित करने से प्रत्येक आंदोलन पर स्पष्ट रूप से सोचने की क्षमता मिलती है, जिसके परिणामस्वरूप एक व्यापारी के रूप में सफलता मिलती हैअपने आप को नियंत्रित करने से प्रत्येक आंदोलन पर स्पष्ट रूप से सोचने की क्षमता मिलती है, जिसके परिणामस्वरूप एक व्यापारी के रूप में सफलता मिलती है

2. घाटे में कटौती (*Cut losses*)

- हमें हर समय पूंजी को संरक्षित रखना चाहिए। हारना व्यापार का हिस्सा है, लेकिन रिवर्स कोर्स में स्थिति खोने की उम्मीद करते समय अवसर लागत पर विचार किया जाना चाहिए।
- यदि आपका व्यापार उलट जाता है और समर्थन का उल्लंघन करता है, तो विज्ञापन से बाहर निकलें फिर से प्रवेश करने के लिए तैयार रहें। यह आपको बड़े नुकसान से बचाएगा और यदि स्टॉक फिर से प्रवेश मूल्य को पार करता है तो आप फिर से प्रवेश कर सकते हैं।

☙

3.अच्छा निर्णय लें (*Make good decision*)

- इस बात पर ध्यान दें कि आप गेम कैसे खेलते हैं न कि स्कोरबोर्ड पर। अनुशासन के साथ व्यापार करें और अपने गेम प्लान का पालन करें।

4. अपनी हार से सबक लें (*Take lesson from your lose*)

- नाम भूल जाओ, लेकिन घटनाओं को याद रखो। जो लोग अतीत को याद नहीं करते हैं, वे उसे दोहराते हैं। दूसरों को प्रभावित किए बिना संयम और चरित्र के साथ मिटेक बनाएं, और गलती पर ध्यान न दें.

5. जब संदेह हो तो निकल जाओ (*When in doubt get out*)

- हर दिन, हर समय अपनी स्थिति की जांच करें और आप बिना कारण के स्टॉक रखने से नहीं छूटेंगे।
- किसी भी समय दिशा बदलने के लिए तैयार रहें, क्योंकि एक व्यक्तिगत निवेशक के रूप में आपका लचीलापन बड़ा लाभ है।

6. अपना रिस्क रिवॉर्ड प्रोफाइल चेक करते रहें (*Keep Your risk & reward profile check*)

- लाभ हानि से अधिक हो सकता है, भले ही खोने वाले व्यापारियों की संख्या जीतने वाले ट्रेडों की संख्या से अधिक हो।
- हमेशा सही तरीके से पैसे का प्रबंधन करें, तदनुसार आकार की स्थिति बनाएं, स्टॉप लॉस और सही मुनाफे का पालन करें।

7. अनुसूची समाचार से बचें (*Avoid Schedule news*)

- हम ब्रेकिंग न्यूज की भविष्यवाणी करने में असमर्थ हैं, लेकिन शेड्यूल्ड न्यूज से हम अलग हट सकते हैं। अनुसूची समाचार में ब्याज दर की घोषणा, कॉर्पोरेट घोषणा और विभिन्न आर्थिक समाचार शामिल हैं। व्यापार करने के लिए केवल तभी याद रखें जब आपके पास सबसे अच्छी स्थिति हो।

8. ट्रेडिंग के लिए अपने खाते के आकार पर विचार करें (Consider your account size for trading)

- एक खाता जो बहुत छोटा होता है, प्रत्येक व्यापार के प्रभाव को बढ़ाता है, जो हमें तर्कसंगत रूप से सोचने से रोकता है। इस दृष्टिकोण के साथ ट्रेड करें कि अगला ट्रेड आपके द्वारा लिए जाने वाले अगले 1000 ट्रेडों में से केवल एक होगा।

9. अपने जीतने वाले पदों को बढ़ाएं क्योंकि वे आपके लिए काम करते हैं (Increase your winning possitions as they work for you)

- यह दो लक्ष्यों को प्राप्त करता है; टेबल से कुछ निकालकर आपको खेल में बनाए रखना। यदि आपका व्यापार उलट जाता है, तो आपने अच्छे स्थानों पर कुछ लाभ अर्जित किया है। यदि चालें जारी रहती हैं, तो आप अभी भी सवारी के लिए सवार हैं

10. अपने आप को मत खोदो (Don't dig yourself)

- बाजार का निरीक्षण करने और एक सूचित निर्णय लेने के लिए तैयार रहें।
- खोया हुआ पैसा खोए हुए पैसे से बेहतर है। इसलिए सर्वोत्तम अवसर के आने के लिए धैर्यपूर्वक प्रतीक्षा करें।

11. पुष्टि के साथ व्यापार करें। (Do trade with confirmation)

- इन दोनों को बैलेंस करने का मतलब होगा कि आप ऐसा सिस्टम अपनाएं जो ऐसा होता है, मैं वो करूंगा, अपनी पिच का इंतजार करें

12. अपनी ट्रेडिंग प्रक्रिया से सावधान रहें *(Beware of your trading process)*

- एक जीत स्ट्रीक के बाद, अतिरिक्त अनुशासित रहें। बाजार में बहुत से लोग पैसा कमाएंगे, लेकिन इसे बनाए रखने के लिए अनुशासन की आवश्यकता होती है। हर समय अपने पहरे पर रहें

13. अपने परिणाम का मूल्यांकन करें *(Evaluate your result)*

- अपने लाभ और हानि की निगरानी करें, और अपनी सबसे बड़ी जीत और सबसे खराब नुकसान के बीच अपने रिश्ते को बनाए रखें।
- इन परिणामों की समीक्षा करने से आपको अपनी ट्रेडिंग रणनीतियों और बाजार की स्थिति को समझने में मदद मिलती है

14. अंत में, महत्वपूर्ण हमेशा धैर्य रखें *(Finally, Important always be patinet)*

- दीर्घकालिक धैर्य आपके आत्मविश्वास और आशावाद को ऊंचा रखेगा, और अल्पकालिक धैर्य आपको सर्वोत्तम ट्रेडों की प्रतीक्षा करने में मदद करेगा।
- सफलता रातोरात और आसानी से नहीं मिलती। अपने बकाया का भुगतान करने के लिए तैयार रहें और अपने लक्ष्यों को प्राप्त करने के लिए काम में लग जाएं।

6

मूविंग एवरेज (Moving Average)

मूविंग एवरेज (एमए) क्या है?

- आंकड़ों में, एक चलती औसत एक गणना है जिसका उपयोग पूर्ण डेटा सेट के विभिन्न सबसेट के औसत की एक श्रृंखला बनाकर डेटा बिंदुओं का विश्लेषण करने के लिए किया जाता है।

- वित्त में, एक चलती औसत (एमए) एक स्टॉक संकेतक है जो आमतौर पर तकनीकी विश्लेषण में उपयोग किया जाता है। किसी स्टॉक के मूविंग एवरेज की गणना करने का कारण लगातार अद्यतन (Updates) औसत मूल्य बनाकर मूल्य डेटा को सुचारू बनाने में मदद करना है।

चाबी छीन लेना (Key Point)

1. एक चलती औसत (एमए) एक स्टॉक संकेतक है जो आमतौर पर तकनीकी विश्लेषण (*commonly used in technical analysis*) में उपयोग किया जाता है।

2. किसी स्टॉक के मूविंग एवरेज(*The reason for calculating the moing average*) की गणना करने का कारण एक निश्चित अवधि में लगातार अपडेट किए गए औसत मूल्य बनाकर मूल्य डेटा को सुचारू बनाने में मदद करना है।

3. एक साधारण चलती औसत (एसएमए) एक गणना है जो अतीत में विशिष्ट दिनों में कीमतों के दिए गए सेट का अंकगणितीय माध्य लेती है; उदाहरण के लिए, पिछले 10, 20, 50, 100, या 200 दिनों में।

4. एक्सपोनेंशियल मूविंग एवरेज (ईएमए) एक भारित औसत है जो हाल के दिनों में स्टॉक की कीमत को अधिक महत्व देता है, (*Exponential moving averages (EMA) is a weighted average that gives greater importance to the price of a stock in more recent days*) जिससे यह एक संकेतक बन जाता है जो नई जानकारी के प्रति अधिक प्रतिक्रियाशील होता है।

5. रणनीतियां किसी विशेष समय सीमा तक सीमित नहीं हैं और इन्हें दिन-व्यापार और लंबी अवधि की रणनीतियों दोनों पर लागू किया जा सकता है (*Strategies are not limited to any particular time frame and can be applied to both day-trading and long-term*);

ट्रेडिंग रणनीति

- 15-मिनट के चार्ट पर तीन घातीय चलती (*Exponetial Moving Average*) औसत-पांच-अवधि ईएमए, 20-अवधि ईएमए और 50-अवधि ईएमए प्लॉट करें।
- जब पांच-अवधि का ईएमए नीचे से 20-अवधि के ईएमए को पार करता है, और कीमत, पांच और 20-अवधि के ईएमए 50 ईएमए से ऊपर हैं, तो खरीदें।
- बेचने के व्यापार के लिए, जब पांच-अवधि का ईएमए ऊपर से 20-अवधि के ईएमए को पार करता है, और ईएमए और कीमत दोनों 50 अवधि के ईएमए से नीचे हैं, तो बेचें।
- प्रारंभिक रखें स्टॉप-लॉस ऑर्डर 20-अवधि ईएमए (खरीदारी व्यापार के लिए), या वैकल्पिक रूप से लगभग 10 पॉइंट के नीचे रखे।
- लाभ लक्ष्य 20 पॉइंट का, या वैकल्पिक रूप से बाहर निकलें जब पांच-अवधि 20-अवधि से कम हो, यदि लंबी हो, या जब पांच कम होने पर 20 से ऊपर चले जाते हैं ; स्टॉक ट्रेडर्स

अक्सर शॉर्ट-टर्म MA का उपयोग करते हैं

Example :

Amar Raja Bateries (20 MA & 50 MA)

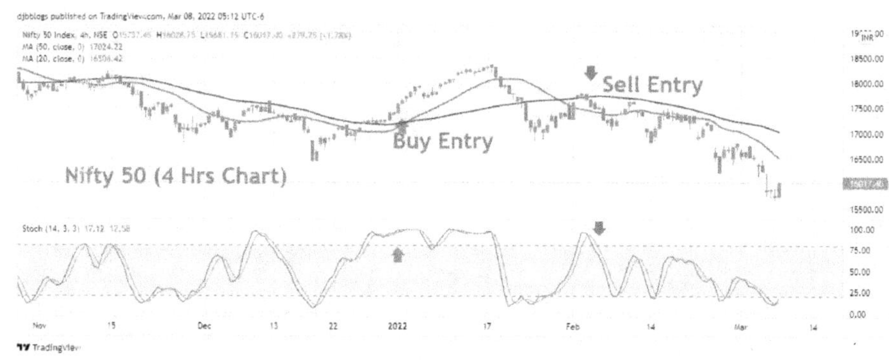

Nifty 50 - 20 EMA & 50 EMA (Source: In.tradingView)

1. <u>Simple Moving Average Calculation</u>

- एक विशिष्ट अवधि के दौरान सुरक्षा की औसत कीमत की गणना करके एक साधारण चलती औसत बनाई जाती है। अधिकांश मूविंग एवरेज क्लोजिंग प्राइस पर आधारित

होते हैं;

- उदाहरण के लिए, 5-दिवसीय सरल चलती औसत पांच दिनों के समापन मूल्य को पांच से विभाजित करने का योग है। जैसा कि इसके नाम का तात्पर्य है, एक चलती औसत एक औसत है जो चलती है।
- नया डेटा उपलब्ध होते ही पुराना डेटा हटा दिया जाता है, जिससे औसत समय के पैमाने के साथ आगे बढ़ जाता है।

नीचे दिया गया उदाहरण तीन दिनों में विकसित होने वाली 5-दिवसीय चलती औसत को दर्शाता है।

- Daily Closing Prices: 9,10,11,12,13
- First day of 5-day SMA: (9 + 10 + 11 + 12 + 13) / 5 = 11
- Second day of 5-day SMA: (12 + 13 + 14 + 15 + 16) / 5 = 14
- Third day of 5-day SMA: (13 + 14 + 15 + 16 + 17) / 5 = 15

मूविंग एवरेज का पहला दिन केवल पिछले पांच दिनों को कवर करता है। मूविंग एवरेज का दूसरा दिन पहला डेटा पॉइंट (11) गिरता है और नया डेटा पॉइंट (14,15,16) जोड़ता है। मूविंग एवरेज का तीसरा दिन पहले डेटा पॉइंट (12) को गिराकर और नया डेटा पॉइंट (17) जोड़कर जारी रहता है। ऊपर के उदाहरण में, कुल सात दिनों में कीमतें धीरे-धीरे 11 से बढ़कर 17 हो जाती हैं।

- ध्यान दें कि चलती औसत भी तीन दिन की गणना अवधि में 13 से 15 तक बढ़ जाती है। साथ ही,
- ध्यान दें कि प्रत्येक चलती औसत मूल्य अंतिम कीमत से ठीक नीचे है। उदाहरण के लिए, पहले दिन का मूविंग एवरेज 13 के बराबर है और आखिरी कीमत 15 है। पिछले चार दिनों में कीमतें कम थीं और इससे मूविंग एवरेज पिछड़ गया।

2. Exponential Moving Average Calculation:

- एक्सपोनेंशियल मूविंग एवरेज (ईएमए) हाल की कीमतों पर अधिक भार लागू करके अंतराल को कम करता है।
- सबसे हाल की कीमत पर लागू भार, चलती औसत में अवधियों की संख्या पर निर्भर करता है। ईएमए सरल चलती औसत से भिन्न होता है, जिसमें किसी दिन की ईएमए गणना उस दिन से पहले के सभी दिनों के लिए ईएमए गणना पर निर्भर करती है।

- यथोचित रूप से सटीक 10-दिवसीय ईएमए की गणना करने के लिए आपको 10 दिनों से अधिक डेटा की आवश्यकता होती है।

Initial SMA: 10-period sum / 10
Multiplier: (2 / (Time periods + 1)) = (2 / (10 + 1)) = 0.1818 (18.18%)
EMA: {Close - EMA(previous day)} x multiplier + EMA(previous day).

लंबाई और समय सीमा (Lengths and Timeframes)

चलती औसत की लंबाई विश्लेषणात्मक उद्देश्यों पर निर्भर करती है। शॉर्ट मूविंग एवरेज (5-20 पीरियड्स) शॉर्ट टर्म ट्रेड्स और ट्रेडिंग के लिए सबसे उपयुक्त हैं।

मध्यम अवधि के रुझानों में दिलचस्पी रखने वाले चार्टिस्ट लंबी चलती औसत का विकल्प चुनते हैं जो 20-60 अवधि बढ़ा सकते हैं। लंबी अवधि के निवेशक 100 या अधिक अवधियों के साथ चलती औसत पसंद करेंगे।

कुछ चलती औसत लंबाई दूसरों की तुलना में अधिक लोकप्रिय हैं। 200-दिवसीय चलती औसत शायद सबसे लोकप्रिय है। इसकी लंबाई के कारण, यह स्पष्ट रूप से एक दीर्घकालिक चलती औसत है। इसके बाद, मध्यम अवधि के रुझान के लिए 50-दिवसीय चलती औसत काफी लोकप्रिय है।

कई चार्टिस्ट 50-दिन और 200-दिवसीय चलती औसत का एक साथ उपयोग करते हैं। शॉर्ट-टर्म, 10-दिवसीय मूविंग एवरेज अतीत में काफी लोकप्रिय था क्योंकि इसकी गणना करना आसान था। एक ने केवल संख्याओं को जोड़ा और दशमलव बिंदु को स्थानांतरित कर दिया।

रुझान पहचान (Trend Identification)

चलती औसत की दिशा कीमतों के बारे में महत्वपूर्ण जानकारी देती है, चाहे वह औसत सरल हो या घातीय। एक बढ़ती चलती औसत से पता चलता है कि कीमतें आम तौर पर बढ़ रही हैं। एक गिरती चलती औसत इंगित करती है कि कीमतें औसतन गिर रही हैं। एक बढ़ती लंबी अवधि की चलती औसत लंबी अवधि के अपट्रेंड को दर्शाती है। एक गिरती लंबी अवधि की चलती औसत लंबी अवधि के डाउनट्रेंड को दर्शाती है।

7

200 दिनों का मूविंग एवरेज और स्विंग ट्रेडिंग में सबसे महत्वपूर्ण नियम

"200-दिवसीय सरल चलती औसत (एसएमए) को व्यापारियों और बाजार विश्लेषकों द्वारा समग्र दीर्घकालिक बाजार रुझानों को निर्धारित करने के लिए एक प्रमुख संकेतक माना जाता है। संकेतक चार्ट पर एक रेखा के रूप में प्रकट होता है और स्टॉक, कमोडिटी, या चार्टेड किए जा रहे किसी भी उपकरण में लंबी अवधि की कीमतों के साथ-साथ उच्च और निम्न की ओर बढ़ता है।

यदि आप स्टॉक, ईटीएफ, ऑप्शन ट्रेडिंग, इंडेक्स फ्यूचर का व्यापार कर रहे हैं, तो हमें आपको यह बताने की जरूरत नहीं है कि यह बाजार कितना चुनौतीपूर्ण रहा है। ऐसे कई कारक हैं जो इसे संभव बना रहे हैं। हमारे पास तकनीकी संकेतक हैं जो हमें बाजार में गुणवत्ता के डर और लालच में मदद करते हैं, जिससे हमें घबराहट खरीदने और फिर से एएचडी पर शालीनता बेचने की अनुमति मिलती है।

शायद उन बहुत महत्वपूर्ण कारकों में से किसी से भी अधिक महत्वपूर्ण, हमारे पास एक नियम है जिसका हम कभी उल्लंघन नहीं करते हैं, और यह नियम हमारे द्वारा विश्लेषण किए गए प्रत्येक स्टॉक, या एक्सचेंज-ट्रेडेड फंड का मार्गदर्शन करता है। यह नियम हमारे द्वारा किए जाने वाले प्रत्येक व्यापार के लिए विजेता संदर्भ प्रदान करता है। स्टॉक और ईटीएफ फंड से बचना जो 200 दिन के मूविंग एवरेज से नीचे कारोबार कर रहे हैं, लाखों शेयरों के मॉडल-चालित परीक्षण के एक दशक से अधिक समय से सबसे सुसंगत निष्कर्षों में से एक है

और अगर एक तस्वीर एक हजार शब्दों के लायक है, तो विचार करें कि स्टॉक के इन चार्टों में उनके 200 दिनों के मूविंग एवरेज से नीचे का कारोबार क्या कहता है:"

Nifty Daily Chart (200 Days Exponential Moving Average) Source: ChartInk.Com

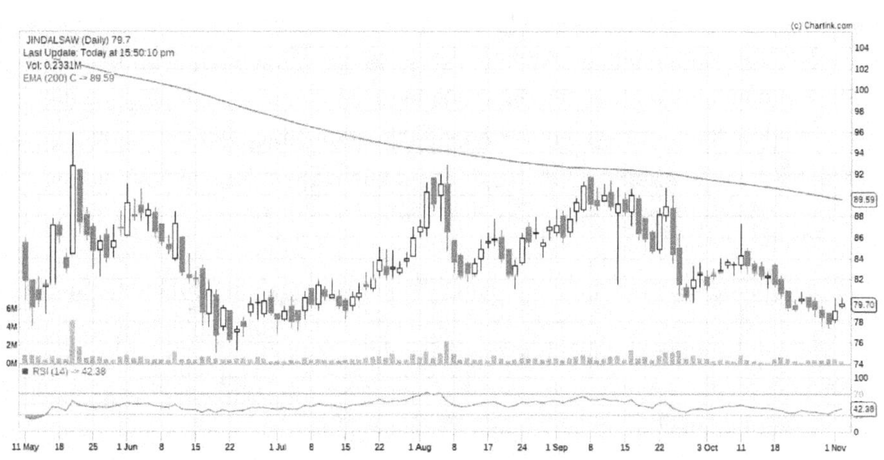

Jindal Saw Daily Chart (Below 200 days E-Moving Average)Source: ChartInk.Com

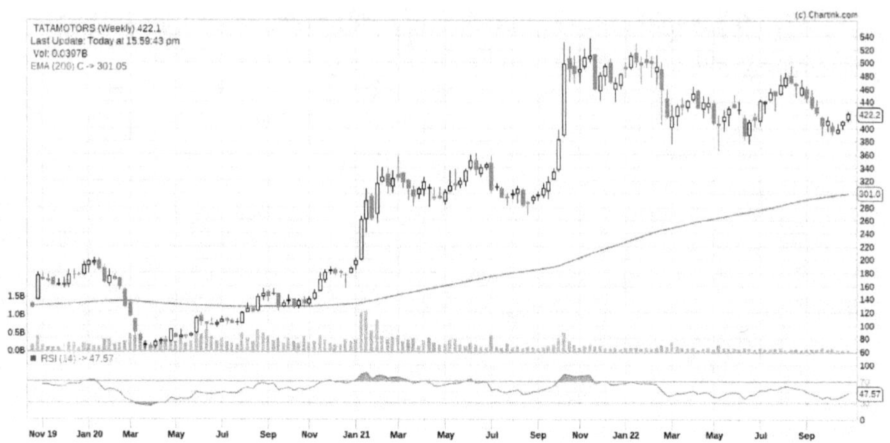

Tata Motors Weekly Chart (Above 200 days Ex-Moving Average)Source: ChartInk.com

कभी-कभी अपने 200 दिनों के मूविंग एवरेज से नीचे कारोबार करने वाले स्टॉक का स्कैन करें। एक-एक करके उन शेयरों को देखें। यह सुंदर नहीं है। वे स्टॉक चार्ट युद्ध क्षेत्रों या शरणार्थी शिविरों के दृश्यों की तरह दिखेंगे, ये वे स्टॉक नहीं हैं जिन पर आप दांव लगाना चाहते हैं। ये ऐसे स्टॉक हैं जो आपको निराश करेंगे, जो उम्मीद से कम पड़ेंगे, जो आपको बार-बार निराश करेंगे।मुद्दा यह नहीं है कि यह आपके व्यापार में आपके साथ हुआ है या नहीं। ऐसा कई व्यापारियों के साथ हुआ है। मुद्दा यह सुनिश्चित करना है कि यह फिर कभी न हो। सफल ट्रेडिंग में बढ़त हासिल करने और बिना किसी असफलता के लगातार इसे लागू करने के बारे में है। स्टॉक और एक्सचेंज-ट्रेडेड फंड जो 200 दिनों के मूविंग एवरेज से नीचे कारोबार कर रहे हैं, हमारी राय में, पहली और सबसे महत्वपूर्ण बढ़त है जो हर शॉर्ट टर्म स्विंग ट्रेडर के पास होनी चाहिए।

- 200-दिवसीय चलती औसत को चार्ट पर एक पंक्ति के रूप में दर्शाया जाता है और पिछले 200 दिनों (या 40 सप्ताह) में औसत मूल्य का प्रतिनिधित्व करता है।
- संभावित समर्थन या प्रतिरोध क्षेत्रों की पहचान करते हुए, चलती औसत व्यापारियों को यह समझ दे सकती है कि प्रवृत्ति ऊपर या नीचे है या नहीं।
- 200-दिन और 50-दिवसीय चलती औसत को कभी-कभी एक साथ उपयोग किया जाता है, तकनीकी रूप से महत्वपूर्ण मानी जाने वाली दो पंक्तियों के बीच क्रॉसओवर के साथ , ये क्रॉसओवर गोल्डन क्रॉस या डेथ क्रॉस का संकेत दे सकते हैं।

- जबकि साधारण चलती औसत समय के साथ कीमतों का औसत है, एक्सपोनेंशियल मूविंग एवरेज (ईएमए) सबसे हालिया डेटा को अधिक वजन देता है

- एक बहुत लंबी अवधि की चलती औसत के रूप में, 200-दिवसीय एसएमए अक्सर अन्य, छोटी अवधि की चलती औसत के साथ संयोजन के रूप में प्रयोग किया जाता है, न केवल बाजार की प्रवृत्ति को दिखाने के लिए, बल्कि प्रवृत्ति की ताकत का आकलन करने के लिए भी चलती है, जैसा कि चलती के बीच अलगाव से संकेत मिलता है। औसत रेखाएँ। उदाहरण के लिए, 50-दिवसीय एसएमए और 200-दिन की तुलना अपेक्षाकृत सामान्य है

Reliance Infra (200 days & 50 Days Moving Average) Golden Cross.Source: ChartInk.Com

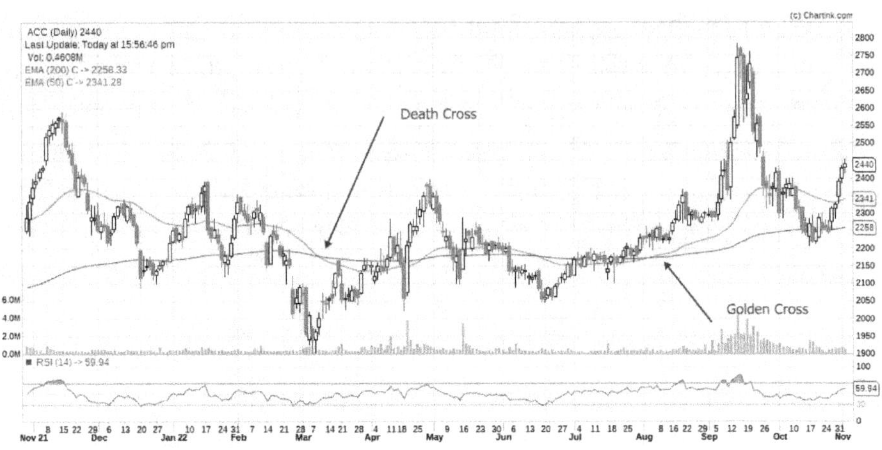

Acc Daily Chart With Death Cross & Golden Cross (200 Days & 50 Days Moving Average) Source : ChartInk.Com

"200-दिवसीय SMA के संकेत 200-दिवसीय सरल चलती औसत के संबंध में दो बुनियादी संकेत हैं:

1) यदि कीमत 200-दिवसीय एसएमए से ऊपर है तो यह एक तेजी का संकेत है।

2) यदि कीमत 200-दिवसीय एसएमए से नीचे है तो यह एक मंदी का संकेत है।

200-दिवसीय एसएमए / ईएमए सिग्नल खरीदें बुलिश ब्रेकआउट:

जब प्राइस एक्शन 200-दिवसीय एसएमए / ईएमए को ऊपर की ओर तोड़ता है तो यह एक मजबूत लंबा संकेत देता है। समर्थन उछाल, जब मूल्य कार्रवाई समर्थन के रूप में 200-दिवसीय एसएमए / ईएमए से मिलती है और ऊपर की ओर उछलती है, तो यह एक मजबूत खरीद संकेत बनाता है।

200-दिवसीय एसएमए सिग्नल बेचें बेयरिश ब्रेकआउट:

जब प्राइस एक्शन 200-दिवसीय एसएमए / ईएमए को नीचे की ओर तोड़ता है, तो यह एक मजबूत शॉर्ट सिग्नल बनाता है। प्रतिरोध उछाल: जब मूल्य कार्रवाई 200-दिवसीय एसएमए / ईएमए को प्रतिरोध के रूप में पूरा करती है और नीचे की ओर उछलती है, तो यह एक बहुत ही मजबूत लघु संकेत देता है।"

निष्कर्ष (Conclusion)

- मूविंग एवरेज यकीनन सभी तकनीकी विश्लेषणों में सबसे लोकप्रिय संकेतक है।
- सबसे महत्वपूर्ण मूविंग एवरेज में से एक 200-दिवसीय एसएमए / *ईएमए* है। कई निगाहें 200-दिवसीय एसएमए / *ईएमए*को देख रही हैं, जो इसे एक महत्वपूर्ण मनोवैज्ञानिक स्तर बनाती है।
- कई निगाहें 200-दिवसीय एसएमए को देख रही हैं, जो इसे एक महत्वपूर्ण मनोवैज्ञानिक स्तर बनाती है। 200 एसएमए के लिए दो बुनियादी व्यापारिक नियम हैं:
- जब कीमत नीचे है, तो आपको छोटा होना चाहिए। (When the price is below, you should be short.)
- जब कीमत ऊपर है, तो आपको लंबा जाना चाहिए। (When the price is above, you should go long.)

200-दिवसीय SMA संकेतों के दो समूह हैं:

- 200-दिवसीय एसएमए सिग्नल खरीदें (200-day SMA buy signals)

  - बुलिश ब्रेकआउट (Bullish Breakout)
  - समर्थन उछाल (Support Bounce)

- 200-दिवसीय एसएमए सिग्नल बेचते हैं (200-day SMA sell signals)

  - बेयरिश ब्रेकआउट (Bearish Breakout)
  - प्रतिरोध उछाल (Resistance Bounce)

200-दिवसीय चलती औसत का उपयोग करने के लिए ह युक्तियाँ (5 Tips for Using the 200-day moving average)

- सुनिश्चित करें कि मूल्य कार्रवाई 200-दिवसीय चलती औसत का सम्मान करती है *(Make sure the price action respects the 200-day moving average)*
- *200-दिवसीय एसएमए का व्यापार करते समय वॉल्यूम संकेतक का उपयोग करें (Use the Volume Indicator when trading the 200-day SMA/ EMA)*
- *200-दिवसीय मूविंग एवरेज के माध्यम से ट्रेड ब्रेकआउट तभी होता है जब वॉल्यूम अधिक हो (Trade breakouts through the 200-day moving average only if volumes are high)*
- *बाउंस उच्च जीत-हानि अनुपात देते हैं (Bounces give a higher win-loss ratio)*

- *200-दिवसीय मूविंग एवरेज ब्रेकआउट के साथ व्यायाम धैर्य* (Exercise Patience with 200-day moving average breakouts)

- *200-दिवसीय मूविंग एवरेज ब्रेकआउट के साथ व्यायाम धैर्य* (Exercise Patience with 200-day moving average breakouts)

8

मूविंग एवरेज कन्वर्जेंस डिवर्जेंस (एमएसीडी-MACD)

मूविंग एवरेज कन्वर्जेंस डाइवर्जेंस (एमएसीडी) एक है ट्रेंड निम्नलिखित गति संकेतक जो दो के बीच संबंध को दर्शाता है चलती औसत एक सुरक्षा की कीमत का। एमएसीडी की गणना 26-अवधि को घटाकर की जाती है घातीय चलती औसत(ईएमए) 12-अवधि ईएमए से। उस गणना का परिणाम एमएसीडी लाइन है। एमएसीडी के नौ-दिवसीय ईएमए को "सिग्नल लाइन" कहा जाता है, फिर एमएसीडी लाइन के शीर्ष पर प्लॉट किया जाता है, जो सिग्नल खरीदने और बेचने के लिए ट्रिगर के रूप में कार्य कर सकता है। व्यापारी सुरक्षा खरीद सकते हैं जब एमएसीडी अपनी सिग्नल लाइन से ऊपर हो जाता है और जब एमएसीडी सिग्नल लाइन से नीचे हो जाता है तो सुरक्षा को बेचता है या कम करता है। मूविंग एवरेज कन्वर्जेंस डाइवर्जेंस (एमएसीडी) संकेतकों की व्याख्या कई तरीकों से की जा सकती है, लेकिन अधिक सामान्य तरीके हैं क्रॉसओवर,और तेजी से उगता/गिरता है।

पॉइंट *(Point to View)*

- मूविंग एवरेज कन्वर्जेन्स डाइवर्जेंस (एमएसीडी) की गणना 12-अवधि के ईएमए से 26-अवधि के एक्सपोनेंशियल मूविंग एवरेज (ईएमए) को घटाकर की जाती है।

  - *Moving Average Convergence Divergence (MACD) is calculated by subtracting the 26-period exponential moving average (EMA) from the 12-period EMA.*

- एमएसीडी तकनीकी संकेतों को ट्रिगर करता है जब यह अपनी सिग्नल लाइन के ऊपर (खरीदने के लिए) या नीचे (बेचने के लिए) को पार करता है।

  - *MACD triggers technical signals when it crosses above (to buy) or below (to sell) its signal line.*

- क्रॉसओवर की गति को एक बाजार के संकेत के रूप में भी लिया जाता है कि वह अधिक खरीद या ओवरसोल्ड है।

  - *Crossover momentum is also taken as a market signal that it is overbought or oversold.*

- एमएसीडी निवेशकों को यह समझने में मदद करता है कि कीमत में तेजी या मंदी की गति मजबूत हो रही है या कमजोर।

  - *MACD helps investors understand whether the price is bullish or bearish, strengthening or weakening.*

एमएसीडी फॉर्मूला

"MACD Line: (12-day EMA - 26-day EMA)
Signal Line: 9-day EMA of MACD Line MACD
Histogram: MACD Line - Signal Line

- एमएसीडी की गणना अल्पकालिक ईएमए (12 अवधि) से लंबी अवधि के ईएमए (26 अवधि) को घटाकर की जाती है। एक एक्सपोनेंशियल मूविंग एवरेज (ईएमए) का एक प्रकार है सामान्य गति(एमए) जो नवीनतम डेटा बिंदुओं पर अधिक महत्व और महत्व रखता है।

- घातीय चलती औसत को घातीय रूप से भी जाना जाता हैभारितसामान्य गति। एक तेजी से भारित चलती औसत हाल के मूल्य परिवर्तनों के लिए a . की तुलना में अधिक महत्वपूर्ण रूप से प्रतिक्रिया करता हैसरल चलती औसत(एसएमए), जो अवधि में सभी अवलोकनों पर समान भार लागू करता है।

☙

एमएसीडी:

- एमएसीडी का सकारात्मक मूल्य (निचले चार्ट में नीली रेखा के रूप में दिखाया गया है) जब भी 12-अवधि का ईएमए (मूल्य चार्ट पर लाल रेखा द्वारा दर्शाया गया) 26-अवधि के ईएमए (मूल्य चार्ट में नीली रेखा) से ऊपर होता है। और एक ऋणात्मक मान जब 12-अवधि का ईएमए 26-अवधि के ईएमए से नीचे होता है। एमएसीडी जितना अधिक दूर होता है, उसके ऊपर या नीचे होता है आधारभूत इंगित करता है कि दो ईएमए के बीच की दूरी बढ़ रही है। (*MACD has a positive value (shown as the blue line in the lower chart) whenever the 12-period EMA (represented by the red line on the price chart) is above the 26-period EMA (the blue line in the price chart) . and a negative value when the 12-period EMA is below the 26-period EMA. The more distant the MACD is, above or below it the baseline indicates that the distance between the two EMAs is increasing.*)

- *MACD* को अक्सर a के साथ प्रदर्शित किया जाता हैहिस्टोग्राम (नीचे चार्ट देखें) जो एमएसीडी और उसकी सिग्नल लाइन के बीच की दूरी को रेखांकन करता है। यदि एमएसीडी सिग्नल लाइन से ऊपर है, तो हिस्टोग्राम एमएसीडी के बेसलाइन से ऊपर होगा। यदि एमएसीडी अपनी सिग्नल लाइन से नीचे है, तो हिस्टोग्राम एमएसीडी के बेसलाइन से नीचे होगा। व्यापारी एमएसीडी के हिस्टोग्राम का उपयोग यह पहचानने के लिए करते हैं कि तेजी या मंदी की गति कब अधिक है। (*MACD is often displayed with a histogram (see chart below) which graphs the distance between the MACD and its signal line. If the MACD is above the signal line, the histogram will be above the MACD baseline. If MACD is below its signal line, the histogram will be below MACD's baseline. Traders use the histogram of the MACD to identify when bullish or bearish momentum is high.)*

- रिलेटिव स्ट्रेंथ इंडिकेटर (आरएसआई) का उद्देश्य यह संकेत देना है कि क्या बाजार को माना जाता हैअधिक खरीददारया *oversold* हाल के मूल्य स्तरों के संबंध में। आरएसआई एक थरथरानवाला है जो एक निश्चित अवधि में औसत मूल्य लाभ और हानि की गणना करता है। डिफ़ॉल्ट समयावधि 14 अवधि है जिसमें 0 से 100 तक के मान होते हैं।

- एमएसीडी (MACD) दो ईएमए (EMA) के बीच संबंध को मापता है, जबकि आरएसआई (RSI) हाल के मूल्य के उच्च और निम्न के संबंध में मूल्य परिवर्तन को मापता है। इन दो संकेतकों को अक्सर प्रदान करने के लिए एक साथ उपयोग किया जाता है विश्लेषकोंएक बाजार की एक अधिक संपूर्ण तकनीकी ये संकेतक दोनों बाजार में गति को मापते हैं, लेकिन, क्योंकि वे विभिन्न कारकों को मापते हैं, वे कभी-कभी विपरीत संकेत देते हैं।

- उदाहरण के लिए, आरएसआई (RSI) एक निरंतर अवधि के लिए 70 से ऊपर की रीडिंग दिखा सकता है, यह दर्शाता है कि हाल की कीमतों के संबंध में एक बाजार खरीद-पक्ष से अधिक है, जबकि एमएसीडी (MACD) इंगित करता है कि बाजार अभी भी गति खरीद रहा है। या तो संकेतक मूल्य से विचलन दिखा कर आगामी प्रवृत्ति परिवर्तन का संकेत दे सकता है मूल्य जारी रहता है जबकि संकेतक कम हो जाता है, या इसके विपरीत।

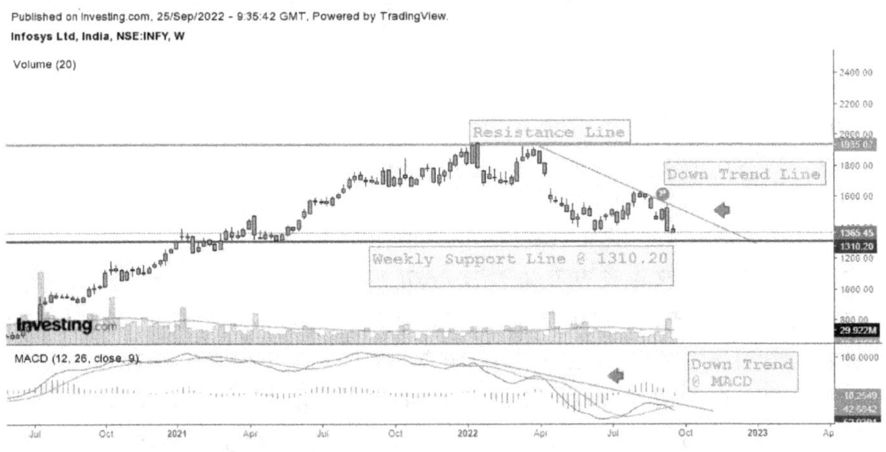

Infosys Weekly Chart with MACD Indicator

Chart : Infosys Weekly

Trend : Down Trend Chart
Indicator : MACD
Support : Price : 1310

- जैसा कि चार्ट पर दिखाया गया है, जब एमएसीडी सिग्नल लाइन से नीचे आता है, तो यह एक मंदी का संकेत है जो इंगित करता है कि यह बेचने का समय हो सकता है। इसके विपरीत, जब एमएसीडी सिग्नल लाइन से ऊपर उठता है, तो संकेतक एक तेजी का संकेत देता है, जो बताता है कि परिसंपत्ति की कीमत में ऊपर की ओर गति का अनुभव होने की संभावना है। कुछ ट्रेडर किसी पोजीशन में प्रवेश करने से पहले सिग्नल लाइन के ऊपर एक कन्फर्म क्रॉस का इंतजार करते हैं ताकि "फेक आउट" होने की संभावना को कम किया जा सके और बहुत जल्दी पोजीशन में प्रवेश किया जा सके। *(As shown on the following chart, when the MACD crosses below the signal line, it is a bearish signal which indicates that it may be time to sell. Conversely, the indicator gives a bullish signal when the MACD rises above the signal line, Which indicates that the price of the asset is likely to experience an upward movement. Some traders wait for a confirmed cross above the signal line before entering a position to reduce the chances of getting "fake out" and entering positions too early);*

<u>ट्रेडर्स मूविंग एवरेज कन्वर्जेंस डाइवर्जेंस (एमएसीडी) का उपयोग कैसे करते हैं?</u> *(How do traders use Moving Average Convergence Divergence (MACD)?)*

"ट्रेडर्स एमएसीडी का उपयोग स्टॉक की कीमत प्रवृत्ति की दिशा या गंभीरता में परिवर्तन की पहचान करने के लिए करते हैं। एमएसीडी पहली नज़र में जटिल लग सकता है, क्योंकि यह अतिरिक्त सांख्यिकीय अवधारणाओं जैसे कि एक्सपोनेंशियल मूविंग एवरेज (ईएमए) पर निर्भर करता है। लेकिन मूल रूप से, एमएसीडी व्यापारियों को यह पता लगाने में मदद करता है कि स्टॉक की कीमत में हालिया गति इसकी अंतर्निहित प्रवृत्ति में बदलाव का संकेत दे सकती है। यह व्यापारियों को यह तय करने में मदद कर सकता है कि कब प्रवेश करना है, कब जोड़ना है या किसी स्थिति से बाहर निकलना है।"

<u>एमएसीडी सकारात्मक विचलन क्या है? (What is MACD Positive Divergence?)</u>

"एक एमएसीडी सकारात्मक विचलन एक ऐसी स्थिति है जिसमें एमएसीडी एक नए निम्न स्तर तक नहीं पहुंचता है, इस तथ्य के बावजूद कि स्टॉक की कीमत एक नए निम्न स्तर पर पहुंच गई है। इसे एक बुलिश ट्रेडिंग सिग्नल

के रूप में देखा जाता है - इसलिए, "पॉजिटिव डाइवर्जेंस" शब्द।यदि विपरीत परिदृश्य होता है - स्टॉक की कीमत एक नई ऊंचाई पर पहुंचती है, लेकिन एमएसीडी ऐसा करने में विफल रहता है - इसे एक मंदी के संकेतक के रूप में देखा जाएगा और इसे नकारात्मक विचलन के रूप में संदर्भित किया जाएगा।

੭੭

"

यह संकेतक कैसे काम करता है (How does this indicator work)

- शून्य से ऊपर एमएसीडी को पार करना तेजी माना जाता है, जबकि शून्य से नीचे पार करना मंदी है। दूसरे, जब एमएसीडी शून्य से नीचे आता है तो इसे बुलिश माना जाता है। जब यह शून्य से ऊपर जाता है तो इसे मंदी माना जाता है। (Crossing the MACD above zero is considered bullish, while crossing below zero is considered bearish. Secondly, when MACD falls below zero it is considered bullish. When it goes above zero it is considered bearish.)

- जब एमएसीडी लाइन सिग्नल लाइन के नीचे से ऊपर की ओर जाती है, तो इंडिकेटर को बुलिश माना जाता है। शून्य रेखा के नीचे जितना अधिक मजबूत सिग्नल होगा। (When the MACD line moves from below the signal line to the top, the indicator is considered bullish. Below the zero line the stronger the signal.)

- जब एमएसीडी लाइन सिग्नल लाइन के ऊपर से नीचे की ओर जाती है, तो इंडिकेटर को मंदी माना जाता है। शून्य रेखा के ऊपर जितना अधिक होगा, सिग्नल उतना ही मजबूत होगा। (When the MACD line moves from above the signal line to the bottom, the indicator is considered bearish. The higher it is above the zero line, the stronger the signal.)

- ट्रेडिंग रेंज के दौरान एमएसीडी व्हिपसॉ होगा, जिसमें फास्ट लाइन सिग्नल लाइन के पार आगे और पीछे होगी। एमएसीडी के उपयोगकर्ता आमतौर पर पोर्टफोलियो के भीतर अस्थिरता को कम करने के लिए इस स्थिति या करीबी स्थिति में व्यापार करने से बचते हैं। (The MACD will be whipsaw during the trading range, with the fast line moving back and forth across the signal line. Users of MACD generally avoid trading this position or close position in order to reduce volatility within the portfolio.)

- एमएसीडी और मूल्य कार्रवाई के बीच विचलन एक मजबूत संकेत है जब यह क्रॉसओवर संकेतों की पुष्टि करता है। (Divergence between MACD and price action is a strong signal when it confirms crossover signals.)

एमएसीडी चार्ट के साथ, आप आमतौर पर तीन नंबर देखेंगे जो इसकी सेटिंग्स के लिए उपयोग किए जाते हैं।

- सबसे पहले उन अवधियों की संख्या है जिनका उपयोग तेजी से चलने वाले औसत की गणना करने के लिए किया जाता है।
- दूसरी अवधि धीमी चलती औसत में उपयोग की जाने वाली अवधियों की संख्या है।
- और तीसरी बार की संख्या है जो तेज और धीमी चलती औसत के बीच अंतर की चलती औसत की गणना करने के लिए उपयोग की जाती है।
- उदाहरण के लिए, यदि आप "12, 26, 9" को एमएसीडी पैरामीटर के रूप में देखते हैं (जो आमतौर पर अधिकांश चार्टिंग सॉफ़्टवेयर के लिए डिफ़ॉल्ट सेटिंग है)
- 12 पिछले 12 बार की चलती औसत का प्रतिनिधित्व करता है।
- 26 पिछले 26 बार की चलती औसत का प्रतिनिधित्व करता है।
- 9 ऊपर के दो चलती औसत के बीच अंतर की चलती औसत का प्रतिनिधित्व करता है।

<u>एमएसीडी की तर्ज पर एक आम गलत धारणा है।</u>

1. "एमएसीडी लाइन"
2. "सिग्नल लाइन"

खींची गई दो रेखाएं कीमत की चलती औसत नहीं हैं। एमएसीडी लाइन दो चलती औसत के बीच का अंतर (या दूरी) है। ये दो चलती औसत आमतौर पर घातीय चलती औसत (ईएमए) हैं। संकेतक को देखते समय, एमएसीडी लाइन को "तेज" चलती औसत माना जाता है। ऊपर हमारे उदाहरण में, एमएसीडी लाइन 12 और 26-अवधि की चलती औसत के बीच का अंतर है। सिग्नल लाइन एमएसीडी लाइन की चलती औसत है। संकेतक को देखते समय, सिग्नल लाइन को "धीमी" चलती औसत माना जाता है। धीमी गति से चलने वाला औसत पिछली एमएसीडी लाइन के औसत को दर्शाता है। एक बार फिर, ऊपर हमारे उदाहरण से, यह 9-अवधि की चलती औसत होगी। अधिकांश चार्ट डिफ़ॉल्ट रूप से 9-अवधि के घातीय मूविंग एवरेज (ईएमए) का उपयोग करते हैं। इसका मतलब है कि हम "तेज" एमएसीडी लाइन के पिछले 9 अवधियों का औसत ले रहे हैं और इसे हमारे "धीमे" चलती औसत के रूप में प्लॉट कर रहे हैं।

- सिग्नल लाइन का उद्देश्य एमएसीडी लाइन की संवेदनशीलता को सुगम बनाना है। (The purpose of the signal line is to smooth out the sensitivity of the MACD line)

- हिस्टोग्राम केवल एमएसीडी लाइन और सिग्नल लाइन के बीच अंतर को प्लॉट करता है। (The histogram simply plots the difference between the MACD line and the signal line.)

- यह दो रेखाओं के बीच की दूरी का चित्रमय निरूपण है। यह कभी-कभी आपको एक प्रारंभिक संकेत दे सकता है कि एक क्रॉसओवर होने वाला है। यदि आप हमारे मूल चार्ट को देखते हैं, तो आप देख सकते हैं कि, जैसे दो चलती औसत (एमएसीडी लाइन और सिग्नल लाइन) अलग हो जाते हैं, हिस्टोग्राम बड़ा हो जाता है। (It is a graphical representation of the distance between two lines. This can sometimes give you an early indication that a crossover is about to occur. If you look at our original chart, you can see that, as the two moving averages (the MACD line and the Signal line) move apart, the histogram gets bigger.)

- इसे एमएसीडी विचलन कहा जाता है क्योंकि तेज चलती औसत (एमएसीडी लाइन) "विचलन" कर रही है या धीमी चलती औसत (सिग्नल लाइन) से दूर जा रही है। जैसे-जैसे मूविंग एवरेज एक-दूसरे के करीब आते जाते हैं, हिस्टोग्राम छोटा होता जाता है। इसे अभिसरण कहा जाता है क्योंकि तेज चलती औसत (एमएसीडी लाइन) "अभिसरण" कर रही है या धीमी चलती औसत (सिग्नल लाइन) के करीब पहुंच रही है। (It is called MACD divergence because the faster moving average (MACD line) is "diverging" or moving away from the slower moving average (signal line). As the moving averages get closer to each other, the histogram gets smaller. It is called convergence because the faster moving average (MACD line) is "converging" or approaching the slower moving average (signal line)

෴

एमएसीडी का उपयोग करके व्यापार कैसे करें (How to trade using MACD)

"क्योंकि अलग-अलग "गति" के साथ दो चलती औसत हैं, तेजी से एक धीमी गति की तुलना में मूल्य आंदोलन पर प्रतिक्रिया करने के लिए तेज होगा। जब एक नया चलन होता है, तो तेज रेखा (एमएसीडी लाइन) पहले प्रतिक्रिया करेगी और अंत में धीमी रेखा (सिग्नल लाइन) को पार करेगी। जब यह "क्रॉसओवर" होता है, और तेज रेखा "विचलन" करना शुरू कर देती है या धीमी रेखा से दूर चली जाती है, तो यह अक्सर इंगित करता है कि एक नई प्रवृति का गठन हुआ

है | *Because there are two moving averages with different "speeds", the faster one will be quicker to react to price movement than the slower one. When a new trend occurs, the fast line (MACD line) will react first and cross the slow line (signal line) at last. When this "crossover" occurs, and the faster line begins to "deviate" or move away from the slower line, it often indicates that a new trend has formed.* "

एमएसीडी का उदाहरण (Example of MACD)

USD-INR 15 Min Chart

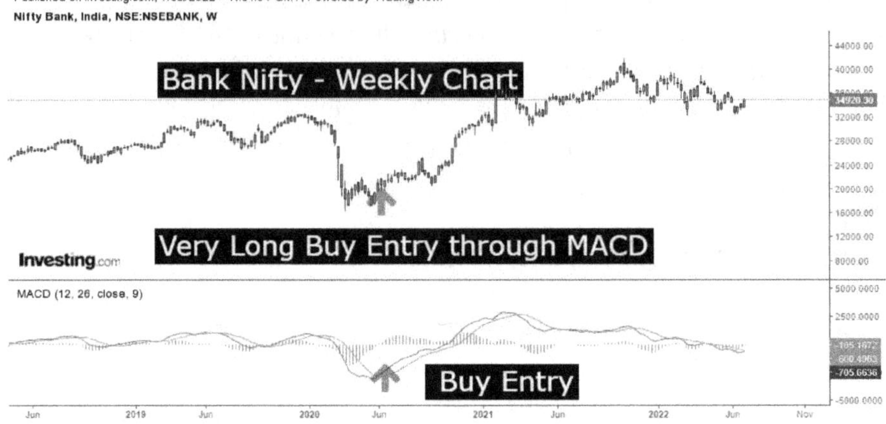

Bank Nifty Weekly Chart With MACD Buy Entry

Axis Bank MACD Chart (Day Trading or Swing Trading)

<u>एमएसीडी एक अच्छा संकेतक क्यों है? (Why is MACD a good indicator?)</u>

"मूविंग एवरेज ट्रिगर लाइन के साथ-साथ लीडिंग और लैगिंग इंडिकेटर दोनों की विशेषताओं के साथ, एमएसीडी उस तरह की बहुमुखी प्रतिभा और बहुक्रियाशीलता वाले व्यापारियों को प्रस्तुत करता है। शायद अधिक महत्वपूर्ण

बात यह है कि एमएसीडी की प्रवृत्ति-निम्नलिखित और गति-पूर्वानुमान क्षमताएं अत्यधिक जटिलता से प्रभावित नहीं हैं।"

एमएसीडी कितना सफल है? (How successful is MACD?)

"निराशाजनक 30% के स्तर के आसपास सफलता दर काफी स्थिर है। चित्रा 6 लंबी चलती औसत के साथ विधि MACD (1.5% क्रॉसिंग स्तर के साथ) का थोड़ा सकारात्मक सहसंबंध भी दिखाता है। चलती औसत संयोजन 12, 26 और 9 का उपयोग करके सर्वोत्तम परिणाम प्राप्त किया जाता है। यहां सफलता दर 90.74% है।"

निष्कर्ष (Conclusion)

"एमएसीडी संकेतक विशेष है क्योंकि यह एक संकेतक में गति और प्रवृत्ति को एक साथ लाता है। प्रवृत्ति और गति का यह अनूठा मिश्रण दैनिक, साप्ताहिक या मासिक चार्ट पर लागू किया जा सकता है। एमएसीडी के लिए मानक सेटिंग 12- और 26-अवधि के ईएमए के बीच का अंतर है। (The MACD indicator is special because it brings together momentum and trend in one indicator. This unique blend of trend and momentum can be applied to daily, weekly or monthly charts. The standard setting for MACD is the difference between the 12- and 26-period EMAs.)"

9

रिलेटिव स्ट्रेंथ इंडेक्स (Relative Strength Index)

रिलेटिव स्ट्रेंथ इंडेक्स (RSI) क्या है?

- रिलेटिव स्ट्रेंथ इंडेक्स (RSI) , गति संकेतक *(Speed Indicator)* तकनीकी विश्लेषण में उपयोग किया जाता है जो स्टॉक या अन्य परिसंपत्ति की कीमत में अधिक खरीद या ओवरसोल्ड स्थितियों का मूल्यांकन करने के लिए हाल के मूल्य परिवर्तनों के परिमाण को मापता है। *(The relative strength index (RSI) is a speed indicator used in technical analysis to measure the magnitude of recent price changes in the price of a stock or other asset to evaluate overbought or oversold conditions.)*

- आरएसआई को एक थरथरानवाला (एक रेखा ग्राफ जो दो चरम सीमाओं के बीच चलता है) के रूप में प्रदर्शित किया जाता है और इसमें 0 से 100 तक की रीडिंग हो सकती है। *The RSI is displayed as an oscillator (a line graph that moves between two extremes) and can have readings ranging from 0 to 100.*

- *RSI,* संकेतक मूल रूप से जे वेल्स वाइल्डर जूनियर द्वारा विकसित किया गया था (*RSI indicator was originally developed by J.Wells Wilder Jr.)*

आरएसआई की पारंपरिक व्याख्या और उपयोग यह है कि 70 या उससे अधिक के मान इंगित करते हैं कि एक सुरक्षा अधिक खरीददार या अधिक मूल्यवान हो रही है और एक प्रवृति के लिए प्राथमिक हो सकती हैउलटया सुधारात्मक पीछे खीचनाकीमत में। 30 या उससे कम का आरएसआई रीडिंग एक ओवरसोल्ड का संकेत देता है।

आरएसआई के लिए फॉर्मूला

आरएसआई की गणना दो-भाग की गणना के साथ की जाती है जो निम्न सूत्र से शुरू होती है:

आरएसआई पहला कदममैं=100−[1+औसत हानिऔसत लाभमैं100मैं]

The RSI is calculated with a two-part calculation that begins with the following formula:

RSI First move I =100−[1+Average Loss,Average Profit 100]

"प्रारंभिक आरएसआई मूल्य की गणना करने के लिए मानक 14 अवधियों का उपयोग करना है। उदाहरण के लिए, कल्पना कीजिए कि बाजार पिछले 14 दिनों में से सात दिनों में औसतन 1% की बढ़त के साथ बंद हुआ। शेष सात दिन -0.8% की औसत हानि के साथ निचले स्तर पर बंद हुए। (The standard is to use 14 periods to calculate the initial RSI price. For example, imagine that the market closed seven out of the last 14 days with an average gain of 1%. The remaining seven days closed lower with an average loss of -0.8%.)"

आरएसआई आपको क्या बताता है?

- स्टॉक या परिसंपत्ति की प्राथमिक प्रवृत्ति यह सुनिश्चित करने के लिए एक महत्वपूर्ण उपकरण है कि संकेतक की रीडिंग ठीक से समझी जाती है। उदाहरण के लिए, जाने-माने मार्केट टेक्नीशियन कॉन्स्टेंस ब्राउन, सीएमटी ने इस विचार को बढ़ावा दिया है कि एक अपट्रेंड में आरएसआई पर एक ओवरसोल्ड रीडिंग 30% से अधिक होने की संभावना है और डाउनट्रेंड के दौरान आरएसआई पर एक ओवरबॉट रीडिंग बहुत कम है। 70% स्तरकरेंगेट्रेंडलाइनचरम सीमाओं की बेहतर पहचान करने के लिए एक मजबूत प्रवृति होने पर 30% और 70% के स्तर के बीच। जब किसी स्टॉक या संपत्ति की कीमत लंबी अवधि में हो तो ओवरबॉट या ओवरसोल्ड स्तरों को संशोधित करनाक्षैतिज चैनलआमतौर पर अनावश्यक है।

- प्रवृत्ति के लिए उपयुक्त ओवरबॉट या ओवरसोल्ड स्तरों का उपयोग करने के लिए एक संबंधित अवधारणा पर ध्यान केंद्रित करना है व्यापार संकेतऔर तकनीकें जो प्रवृत्ति के अनुरूप हैं। दूसरे शब्दों में, जब कीमत तेजी की प्रवृत्ति में होती है तो तेजी के संकेतों का उपयोग करना और जब शेयर मंदी की प्रवृत्ति में होता है तो मंदी के संकेतों से आरएसआई उत्पन्न होने वाले कई झूठे अलार्मों से बचने में मदद मिलेगी।

आरएसआई स्विंग अस्वीकृति का उदाहरण

एक अन्य व्यापारिक तकनीक आरएसआई के व्यवहार की जांच करती है जब यह अधिक खरीददार या अधिक बिक्री वाले क्षेत्र से फिर से उभर रहा है। इस सिग्नल को बुलिश "स्विंग रिजेक्शन" कहा जाता है और इसके चार भाग होते हैं:

1. RSI ओवरसोल्ड क्षेत्र में आता है।
2. आरएसआई 30% से ऊपर वापस आ गया है।
3. RSI ओवरसोल्ड क्षेत्र में वापस आए बिना एक और डुबकी लगाता है।
4. इसके बाद आरएसआई अपने सबसे हाल के उच्च स्तर को तोड़ता है।

निम्नलिखित चार्ट मंदी के झूले अस्वीकृति संकेत को दर्शाता है। अधिकांश व्यापारिक तकनीकों के साथ, यह संकेत सबसे विश्वसनीय होगा जब यह प्रचलित दीर्घकालिक प्रवृत्ति के अनुरूप होगा। डाउनवर्ड ट्रेंड के दौरान मंदी के संकेतों से झूठे अलार्म उत्पन्न होने की संभावना कम होती है।

ICICI BANK (RSI EXAMPLE)

- 1 hrs Chart ICICI Bank
- Intraday entry with RSI
- Entry @ Gap Opening of ICICI Bank
- RSI above 50 (Suitable for Specific entry)

ITC Weekly Chart (RSI)

- Confirmation After Candlle Engulging Pattern
- Entry point @ 212 of ITC // Weeky Chart
- RSI above 50 Point (Suitable for Specific entry)

Sun Pharma with RSI Diversion

10
वॉल्यूम (Volume)

"वॉल्यूम स्विंग व्यापारियों के लिए एक आवश्यक उपकरण है क्योंकि यह एक नई प्रवृत्ति की ताकत में अंतर्दृष्टि प्रदान करता है। यहां सिद्धांत सीधा है: उच्च मात्रा के साथ एक प्रवृत्ति कमजोर मात्रा वाले एक से अधिक मजबूत होने जा रही है। अधिक व्यापारियों के खरीदने या बेचने के साथ, मूल्य कार्रवाई के लिए एक बेहतर आधार है।"

- ब्रेकआउट रणनीति के हिस्से के रूप में वॉल्यूम विशेष रूप से उपयोगी है। ब्रेकआउट समेकन (Consolidation) की अवधि का पालन करते हैं, जो कम मात्रा के साथ होता है। फिर जैसे ही ब्रेकआउट जोर पकड़ता है, वॉल्यूम स्पाइक्स।

- वॉल्यूम स्विंग व्यापारियों के लिए सबसे महत्वपूर्ण संकेतकों में से एक है, हालांकि शुरुआती अक्सर इसे अनदेखा करते हैं। यह संकेतक मुख्य चार्ट के नीचे डिफ़ॉल्ट रूप से दिखाया जा सकता है, और यह अंतर्दृष्टि प्रदान करता है कि एक नवगठित प्रवृत्ति कितनी मजबूत है। मूल रूप से, वॉल्यूम इंडिकेटर दिखाता है कि कितने व्यापारी एक निश्चित बिंदु पर एक क्रिप्टोक्यूरेंसी या संपत्ति खरीद या बेच रहे हैं। इस प्रकार, वॉल्यूम जितना अधिक होगा, प्रवृत्ति उतनी ही मजबूत होगी।

- वॉल्यूम ब्रेकआउट रणनीतियों के साथ विशेष रूप से उपयोगी होता है, यानी जब किसी परिसंपत्ति की कीमत एक प्रतिरोध रेखा से ऊपर या एक समर्थन रेखा के नीचे टूट जाती है। यदि ब्रेकआउट उच्च मात्रा के साथ होता है, तो नई प्रवृत्ति के पर्याप्त होने की उम्मीद है।

  - *एक अनुभवी ट्रेडर आपको बताएगा कि ट्रेंड रिवर्सल इंडिकेशन गलत है जब तक कि वॉल्यूम में बदलाव इसके साथ न हो। हम इस बात पर जोर नहीं दे सकते कि स्विंग ट्रेडर्स के लिए वॉल्यूम कितना महत्वपूर्ण है। गति में*

परिवर्तन स्थापित करने के लिए यह एक सीधा पर्याप्त संकेतक है। उच्च मात्रा बाजार में वास्तविक खरीदारों और विक्रेताओं की उपस्थिति का संकेत देगी।एक अनुभवी ट्रेडर आपको बताएगा कि ट्रेंड रिवर्सल इंडिकेशन गलत है जब तक कि वॉल्यूम में बदलाव इसके साथ न हो। हम इस बात पर जोर नहीं दे सकते कि स्विंग ट्रेडर्स के लिए वॉल्यूम कितना महत्वपूर्ण है। गति में परिवर्तन स्थापित करने के लिए यह एक सीधा पर्याप्त संकेतक है। उच्च मात्रा बाजार में वास्तविक खरीदारों और विक्रेताओं की उपस्थिति का संकेत देगी।

- वॉल्यूम का उपयोग यह निर्धारित करने के लिए किया जा सकता है कि कोई प्रवृत्ति कितनी मजबूत है। बढ़ती मात्रा के साथ कीमत में वृद्धि घटती मात्रा के साथ कीमत में वृद्धि की तुलना में एक मजबूत बाजार का संकेत देती है। ऐसा इसलिए है क्योंकि अगर वॉल्यूम बढ़ रहा है, तो इसका मतलब है कि अधिक से अधिक लोग प्रवृत्ति में विश्वास करते हैं। इसके विपरीत, अगर वॉल्यूम कम हो रहा है, तो रैली में विश्वास वास्तव में नहीं है।

- स्विंग ट्रेडिंग में,एक संकेतक के साथ मात्रा का उपयोग किया जा सकता है.

स्विंग ट्रेडिंग में वॉल्यूम का उपयोग करके स्पॉटिंग रिवर्सल

- जब भी कोई बाजार बढ़ रहा होता है, व्यापारियों को मजबूत और अधिमानतः बढ़ती मात्रा भी देखने में सक्षम होना चाहिए। कीमतों में वृद्धि जारी रखने के लिए, पर्याप्त खरीदार होने चाहिए जो कीमतों को और अधिक बढ़ाने के लिए तैयार हों!

- सरल शब्दों में, कम मात्रा के साथ कीमत में वृद्धि या गिरावट कोई बड़ी बात नहीं है। हालांकि, कीमत में तेज वृद्धि या कमी, जब मात्रा में तेज वृद्धि के साथ मिलकर, एक बड़ी बात होती है जो संकेत दे सकती है कि सुरक्षा कहां जा रही है।

- ट्रेंड रिवर्सल से ठीक पहले, आमतौर पर वॉल्यूम में भारी वृद्धि होती है क्योंकि वे सभी लोग जो अपनी पोजीशन को भुनाने के लिए इंतजार कर रहे हैं, एक ही समय में आगे बढ़ते हैं और अपने ट्रेड को बंद कर देते हैं। यह उच्च की अवधि है अस्थिरता, जिसके बाद एक ट्रेंड रिवर्सल होता है।

स्विंग ट्रेडिंग में वॉल्यूम के माध्यम से तेजी के संकेत देखना

- एक पैटर्न जो कुछ व्यापारी उपयोग करते हैं, वह है एक गिरावट की तलाश करना जो एक सुरक्षा की कीमत में होती है, उसके बाद एक वृद्धि और फिर एक गिरावट होती है। दूसरे डिप के दौरान, अगर कीमत पहले डिप की तरह कम नहीं गिरती है और वॉल्यूम भी सिकुड़ गया है, तो यह एक तेजी का संकेत हो सकता है।

- यहाँ इस तरह के एक पैटर्न का एक उदाहरण है। जैसा कि आप देखते हैं, पैटर्न को वॉल्यूम विचलन कहा जा सकता है। इस पैटर्न के पीछे का विचार यह है कि डाउनट्रेंड गति और ताकत खो रहा है, जो इससे स्पष्ट है

1. वॉल्यूम और इसके साथ बिकवाली का दबाव कम हो रहा है
2. भालू पिछले गिरावट के निचले स्तर से कीमत को आगे बढ़ाने में विफल रहे

Infy Chart with Volume

वॉल्यूमकोट्रेडइंडिकेटरकेरूपमेंकैसेउपयोगकरें?

अंगूठे का नियम बताता है कि जब तेजी के बाजार में परिसंपत्ति की कीमत बढ़ रही है, तो मात्रा में भी वृद्धि होनी चाहिए, जो वास्तविक खरीदारों की उपस्थिति का संकेत देती है। मात्रा में बदलाव के बिना मूल्य परिवर्तन वास्तविक प्रवृत्ति परिवर्तन नहीं है। आमतौर पर, ट्रेंड रिवर्सल से पहले बाजार में वॉल्यूम में तेजी देखी जाती है।

ट्रेडर्स वॉल्यूम डायवर्जेंस का इस्तेमाल बुलिश ट्रेंड को देखने के लिए करते हैं, जिसका सीधा सा मतलब है वॉल्यूम के मुकाबले प्राइस डिप की तलाश करना। व्यापारी लगातार दो कीमतों में गिरावट की तलाश करते हैं, जब दूसरी कीमत गिरावट पहले की तुलना में कमजोर होती है और मात्रा में कम वृद्धि होती है। यह कमजोर मंदी की गति को दर्शाता है, क्योंकि विक्रेता पहली गिरावट के नीचे कीमत को धक्का देने में विफल रहता है।

Axis Bank Daily with Volume

समर्थनऔरप्रतिरोध

- समर्थन और प्रतिरोध रेखाएं एक मूल्य बैंड बनाती हैं जिसके बीच परिसंपत्ति की कीमत चलती है। जब मूल्य रेखा सफल होती है तो दो रेखाएँ अपनी भूमिकाएँ बदल देती हैं। स्विंग ट्रेडिंग में, व्यापारी बाजार में प्रवेश और निकास की योजना बनाने के लिए इन दो पंक्तियों का उपयोग करते हैं, जैसे कि एक व्यापारी एक लंबी स्थिति खोल सकता है जब कीमत समर्थन रेखा के पास बंद हो जाती है।

- समर्थन और प्रतिरोध स्तरों की पहचान करना मुश्किल हो सकता है, लेकिन वे बाजार की गति को समझने में बहुत मददगार होते हैं। एक और चाल पूर्णांकों के आसपास व्यापार करना है क्योंकि अधिकांश संस्थागत, साथ ही व्यक्तिगत व्यापारी, उन नंबरों के आसपास व्यापार करना पसंद करते हैं।

- स्विंग ट्रेडिंग कम समय सीमा के भीतर छोटे मूल्य आंदोलनों से लाभ उठाने की एक प्रक्रिया है। और, दिन के कारोबार की तरह, स्विंग ट्रेडर उतार-चढ़ाव दोनों से लाभ उठाने की कोशिश करते हैं। इसलिए, वे स्विंग हाई और स्विंग लो दोनों को लक्षित करते हैं।

उच्चस्विंग:वह क्षण जब बाजार पीछे हटने से पहले उच्चतम शिखर पर पहुंच जाता है, जिससे लघु व्यापार का अवसर पैदा होता है।

स्विंगकम:उस क्षण से चिह्नित किया जाता है जब कीमत उछलने से पहले कम हो जाती है। ऐसा होने पर व्यापारी एक लंबी स्थिति में प्रवेश करते हैं।

व्यापारिक संकेतक तकनीकी उपकरण हैं जिनका उपयोग कम समय सीमा के भीतर नए अवसरों की पहचान करने के लिए किया जाता है। ट्रेडर्स इन संकेतकों का उपयोग रुझानों और ब्रेकआउट की पहचान करने के लिए करते हैं। रुझान लंबे समय तक बाजार में उतार-चढ़ाव होते हैं, और ब्रेकआउट नए रुझानों की शुरुआत का संकेत देते हैं, दोनों स्विंग व्यापारियों के लिए महत्वपूर्ण हैं।

11

स्टोकेस्टिक ओसिलटर (Stochastic Oscillator)

"स्टोकेस्टिक ओसिलटर एक गति संकेतक है जो एक निश्चित अवधि के दौरान सुरक्षा के एक विशेष समापन मूल्य की तुलना इसकी कीमतों की एक सीमा से करता है। बाजार की गतिविधियों के लिए ओसिलटर की संवेदनशीलता उस समय अवधि को समायोजित करके या परिणाम की चलती औसत लेकर कम हो जाती है। इसका उपयोग 0-100 बाउंडेड रेंज के मूल्यों का उपयोग करते हुए, ओवरबॉट और ओवरसोल्ड ट्रेडिंग सिग्नल उत्पन्न करने के लिए किया जाता है। (*A stochastic oscillator is a momentum indicator comparing a particular closing price of a security to a range of its prices over a certain period of time. The sensitivity of the oscillator to market movements is reducible by adjusting that time period or by taking a moving average of the result. It is used to generate overbought and oversold trading signals, utilizing a 0–100 bounded range of values.*)"

इम्पोर्टेन्ट पॉइंट (Main Point)

* एक स्टोकेस्टिक ऑसिलेटर ओवरबॉट और ओवरसोल्ड सिग्नल उत्पन्न करने के लिए एक लोकप्रिय तकनीकी संकेतक है।
* यह एक लोकप्रिय गति संकेतक है, जिसे पहली बार 1950 के दशक में विकसित किया गया था।
* स्टोकेस्टिक ऑसिलेटर्स प्रवृत्तियों को निर्धारित करने और उलट होने की भविष्यवाणी करने के लिए एक परिसंपत्ति की कीमत की गति को मापते हैं। स्टोकेस्टिक ऑसिलेटर्स

हाल की कीमतों को 0 से 100 के पैमाने पर मापते हैं, 80 से ऊपर के माप के साथ यह दर्शाता है कि एक परिसंपत्ति अधिक खरीदी गई है और 20 से नीचे माप यह दर्शाता है कि यह ओवरसोल्ड है।

- स्टोकेस्टिक ऑसिलेटर चार्टिंग में आम तौर पर दो लाइनें होती हैं:

  ◦ एक प्रत्येक सत्र के लिए ऑसिलेटर के वास्तविक मूल्य को दर्शाती है, और एक इसकी तीन-दिवसीय सरल चलती औसत को दर्शाती है। (one reflecting the actual value of the oscillator for each session, and one reflecting its three-day simple moving average.)

  ◦ क्योंकि मूल्य को गति का पालन करने के लिए माना जाता है, इन दो पंक्तियों के प्रतिच्छेदन को एक संकेत माना जाता है कि एक उलट काम में हो सकता है, क्योंकि यह दिन-प्रतिदिन गति में एक बड़ी बदलाव को इंगित करता है। (Because price is thought to follow momentum, the intersection of these two lines is considered to be a signal that a reversal may be in the works, as it indicates a large shift in momentum from day to day.)

  ◦ स्टोकेस्टिक ऑसिलेटर और ट्रेडिंग प्राइस एक्शन के बीच विचलन को एक महत्वपूर्ण रिवर्सल सिग्नल के रूप में भी देखा जाता है। (Divergence between the stochastic oscillator and trending price action is also seen as an important reversal signal.)

  ◦ उदाहरण के लिए, जब एक मंदी की प्रवृत्ति एक नए निचले निचले स्तर पर पहुंच जाती है, लेकिन थरथरानवाला एक उच्च निम्न को प्रिंट करता है, तो यह एक संकेतक हो सकता है कि भालू अपनी गति को समाप्त कर रहे हैं और एक तेजी से उलट हो रहा है। (For example, when a bearish trend reaches a new lower low, but the oscillator prints a higher low, it may be an indicator that bears are exhausting their momentum and a bullish reversal is brewing.);

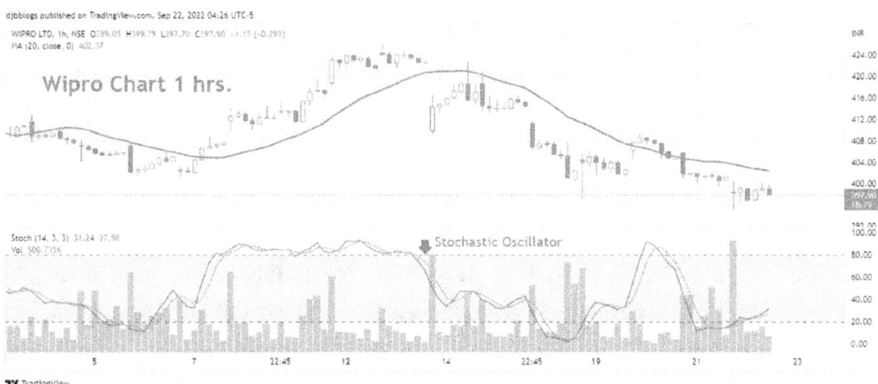

Wipro Chart With Stochastic Osillator

Formula for the Stochastic Oscillator

$$\%K = \left(\frac{C - L14}{H14 - L14} \right) \times 100$$

where:

C = The most recent closing price

L14 = The lowest price traded of the 14 previous trading sessions

H14 = The highest price traded during the same 14-day period

%K = The current value of the stochastic indicator

Formula of Stochstic Osillator

स्टोकेस्टिक ऑसिलेटर पर %K क्या दर्शाता है?

- एक स्टोकेस्टिक ऑसिलेटर चार्ट पर,% K सुरक्षा की वर्तमान कीमत का प्रतिनिधित्व करता है, जो एक निश्चित समय अवधि में इसके उच्चतम और निम्नतम मूल्यों के बीच अंतर के प्रतिशत के रूप में दर्शाया जाता है। दूसरे शब्दों में, K संपत्ति की हाल की मूल्य सीमा के संबंध में वर्तमान मूल्य का प्रतिनिधित्व करता है

स्टोकेस्टिक के साथ कौन सा संकेतक सबसे अच्छा काम करता है?

- स्टोकेस्टिक ऑसिलेटर के पूरक के लिए कुछ बेहतरीन तकनीकी संकेतक औसत क्रॉसओवर और अन्य गति ऑसिलेटर चल रहे हैं। स्टोकेस्टिक ऑसिलेटर द्वारा दिए गए क्रॉसओवर ट्रेडिंग सिग्नल के पूरक के रूप में मूविंग एवरेज क्रॉसओवर का उपयोग किया जा सकता है।

स्टोकेस्टिक ऑसिलेटर के लिए समय सीमा:

- 80 और 20 उपयोग किए जाने वाले सबसे सामान्य स्तर हैं
- आवश्यकतानुसार इन्हें संशोधित भी किया जा सकता है। OB/OS संकेतों के लिए, 14,3,3 की स्टोकेस्टिक सेटिंग अच्छी तरह से काम करती है।
- समय सीमा जितनी अधिक होगी, उतना ही बेहतर होगा, लेकिन आमतौर पर H4 या दैनिक चार्ट दिन के व्यापारियों और स्विंग व्यापारियों के लिए इष्टतम होता है

कार्य करने का संकेत (Interetation)

कार्य करने का संकेत तब होता है जब एक चरम क्षेत्र में, एक चक्र तल के दाहिने हाथ की ओर एक क्रॉसओवर के साथ एक विचलन-अभिसरण होता है (The signal to act is when there is a divergence-convergence, in an extreme area, with a crossover on the right hand side of a cycle bottom)

- जैसा कि सादा क्रॉसओवर अक्सर हो सकता है, एक आम तौर पर एक चरम पुलबैक के साथ होने वाले क्रॉसओवर की प्रतीक्षा करता है, %D लाइन में एक चोटी या गर्त के बाद। यदि कीमत में उतार-चढ़ाव अधिक है, तो %D संकेतक का एक एक्सपोनेंशियल मूविंग एवरेज लिया जा सकता है, जो कीमत में तेजी से उतार-चढ़ाव को सुचारू करता है।*(As plain crossovers can occur frequently, one typically waits for crossovers occurring together with an extreme pullback after a peak or trough in the %D line. If price volatility is high, an exponential moving average of the %D indicator may be taken, which tends to smooth out rapid fluctuations in price.)*

- एक अलर्ट या सेट-अप तब मौजूद होता है जब %D लाइन एक चरम क्षेत्र में होती है और मूल्य कार्रवाई से अलग हो जाती है। वास्तविक संकेत तब होता है जब तेज % K रेखा % D रेखा को पार करती है।
- विचलन-अभिसरण एक संकेत है कि बाजार में गति कम हो रही है और उलटफेर हो सकता है। चार्ट एक उदाहरण दिखाता है जहां मूल्य के सापेक्ष स्टोकेस्टिक में विचलन, मूल्य की दिशा में उलट होने का पूर्वानुमान लगाता है।

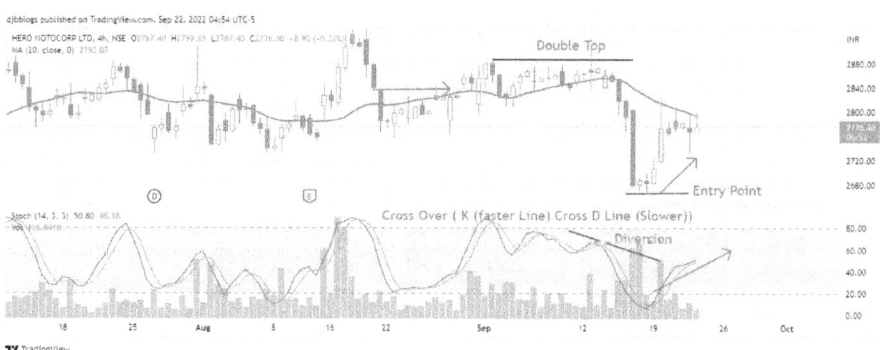

Heromoto Corp Ltd, Chart with Stochastic Osillator (Indicate Double top & Diversion) ; Entry Point @ Cross Over Possition

स्टोकेस्टिक की सीमाएं

- स्टोकेस्टिक की प्राथमिक सीमा यह है कि यह झूठे संकेतों का उत्पादन करने के लिए जाना जाता है। *(The primary limitation of the stochastic oscillator is that it has been known to produce false signals)*
- यह तब होता है जब संकेतक द्वारा एक व्यापारिक संकेत उत्पन्न होता है, फिर भी कीमत वास्तव में पालन नहीं करती है, जो एक खोने वाले व्यापार के रूप में समाप्त हो सकती है। *(This is when a trading signal is generated by the indicator, yet the price does not actually follow through, which can end up as a losing trade.)*
- बाजार की अस्थिर स्थितियों के दौरान, यह काफी नियमित रूप से हो सकता है। इसके साथ मदद करने का एक तरीका कीमत प्रवृत्ति को फ़िल्टर के रूप में लेना है, जहां सिग्नल केवल तभी लिए जाते हैं जब वे प्रवृत्ति के समान दिशा में हों। *(During volatile market conditions, this can happen quite regularly. One way to help with*

this is to take the price trend as a filter, where signals are only taken if they are in the same direction as the trend.);

स्टोकेस्टिक इंडिकेटर विश्लेषण (Conclusion of Stochastic Indicator)

- स्टोकेस्टिक इंडिकेटर एक उपयोगी तकनीकी विश्लेषण उपकरण है जिसका उपयोग ओवरबॉट और ओवरसोल्ड उपकरणों की पहचान करने के लिए किया जा सकता है। *(In conclusion, the stochastic indicator is a useful technical analysis tool that can be used to identify overbought and oversold instruments)*
- "जब अन्य संकेतकों के साथ जोड़ा जाता है, तो स्टोकेस्टिक संकेतक एक व्यापारी को ट्रेंड रिवर्सल, समर्थन और प्रतिरोध स्तर, और संभावित प्रवेश और निकास बिंदुओं की पहचान करने में मदद कर सकता है। *(When combined with other indicators, the stochastic indicator can help a trader identify trend reversals, support and resistance levels, and potential entry and exit points);*"

12
स्विंग ट्रेडिंग संकेत (Swing Trading Signals)

स्विंगट्रेडिंगसंकेतककाउपयोगकरनेकीसीमाएं (Limitations of Using the Swing Trading Indicator)

"स्विंग ट्रेडिंग संकेतक उपयोग करने के लिए आकर्षक हैं। हालांकि, नए यूजर्स को यह भी ध्यान रखना चाहिए कि इन पर आंख मूंदकर भरोसा न करें। जब आप उनका उपयोग कर रहे हों, तो निम्न सीमाओं को भी ध्यान में रखें।

- जब आप संकेतकों पर भरोसा करते हैं, तो बाजार की उपेक्षा न करें। अक्सर बाजार की हलचल एक संकेतक की प्रभावशीलता को कम कर सकती है। *(When you rely on indicators, don't ignore the market. Often market movements can reduce the effectiveness of an indicator.)*
- झूले के व्यापारी रोजाना बाजार का अनुसरण नहीं करते हैं। लेकिन इसका मतलब यह नहीं है कि आपको रुझानों का पालन नहीं करना चाहिए। स्विंग ट्रेडिंग के लिए, आपका समय सटीक होना चाहिए। *(Swing traders do not follow the market daily. But that doesn't mean you shouldn't follow trends. For swing trading, your timing needs to be accurate.)*
- पूर्णता अनुभव के साथ आती है। एक अनुभवी ट्रेडर छोटे बदलावों को आसानी से पहचान लेगा। आप भी वहां पहुंच सकते हैं क्योंकि आप बाजार में अधिक समय बिताना शुरू करते हैं। *(Perfection comes with*

experience. An experienced trader will easily spot small changes. You too can get there as you start spending more time in the market.)

स्विंगट्रेडिंगकेलिए "सर्वश्रेष्ठ" संकेतकचुननेकेलिएमान दंड

(Value Penalty for Choosing the "Best" Indicator for Swing Trading)

इससे पहले कि हम इस लेख के मांस को प्राप्त करें यह जानना आवश्यक है कि स्विंग ट्रेडिंग के लिए सर्वोत्तम संकेतकों से हमारा क्या तात्पर्य है।

1: सरलऔरसमझनेमेंआसान *(Simple and Easy to Understand)*

* इसका उपयोग करने का कोई मतलब नहीं है यदि आप संकेतक के काम करने के तरीके पर सिर या पूंछ नहीं बना सकते हैं। कैसे? क्योंकि संकेतक आपके चार्ट पर जादू की रेखाएं नहीं हैं, लेकिन उपकरण जो आप चार्ट पर हासिल करना चाहते हैं उसे पूरा करने के लिए उपयोग करते हैं। इसका मतलब है कि आपके परिणाम संकेतक की तुलना में संकेतक की आपकी समझ से अधिक जुड़े हुए हैं। (There's no point in using it if you can't make heads or tails on how the indicator works. How? Because indicators are not the magic lines on your chart, but the tools you use to accomplish what you want to achieve on the chart. This means that your results are more tied to your understanding of the indicator than it is to the indicator.)

2: कईउद्देश्योंकीपूर्तिकरसकताहै *(Can Serve Multiple Purposes)*

* ये रही चीजें: आपके चार्ट पर अधिक संकेतक होने से आपके जीतने वाले व्यापार की संभावना नहीं बढ़ती है, लेकिन केवल आपको विश्लेषण पक्षाघात देता है और व्यापार

नहीं लेता है। यदि आपके चार्ट पर केवल कुछ संकेतक हों तो आपको शायद बेहतर परिणाम मिलेंगे! इसलिए हम एक संकेतक रखना चाहते हैं जो अकेले ही कर सकता है: (Here's the thing: Having more indicators on your chart doesn't increase your chances of a winning trade, but only gives you analysis paralysis and not take the trade. You'll probably get better results if you only have a few indicators on your chart! That's why we want to have a pointer that alone can do:)

- अपनी प्रविष्टियां निर्धारित करें (Set Your Entries)
- निर्धारित करें कि आप लाभ कैसे लेंगे (Determine how you will profit)
- अपना स्टॉप लॉस निर्धारित करें (Set Your Stop Loss)

कम संकेतक होने से आपके चार्ट साफ रहते हैं और आपको तेजी से निर्णय लेने में मदद मिलती है जो आपकी ट्रेडिंग प्रक्रिया को और अधिक कुशल बना देगा। बढ़िया, क्या मैं सही हूँ?

3: यहमुफ़्तऔरसुलभहै (*It's Free And Accessible*)

- मुझे यकीन है कि आपकी आँखें शायद अभी चमक रही हैं, यह जानकर कि आपको इन संकेतकों के लिए एक पैसा भी खर्च नहीं करना है, लेकिन यह सच है! (I am sure your eyes are probably shining right now knowing you don't have to spend a time for these indicators, but it's true!)

स्विंग ट्रेडिंग संकेतक की सीमाओं को समझना (*Understanding the Limitations of the Swing Trading Indicator*)

ट्रेडिंग संकेतक के किसी भी अन्य रूप से बेहतर नहीं हैं तकनीकी विश्लेषण, और इसे कभी भी पवित्र कब्र के रूप में नहीं देखा जाना चाहिए। यह गारंटी नहीं है कि आपके द्वारा किया गया कोई भी व्यापार सिर्फ इसलिए लाभ देगा क्योंकि एक व्यापारिक संकेतक ने इसे संकेत दिया था। यहां कुछ अन्य कारक दिए गए हैं जो इस बात पर प्रभाव डाल सकते हैं कि क्या आप लाभ कमा रहे हैं या स्विंग ट्रेडिंग में नुकसान उठा रहे हैं:

- बाजार की स्थितियां अक्सर संकेतकों की प्रभावशीलता को कम कर सकती हैं। यहां तक कि अगर ऐसा लगता है कि सुरक्षा बढ़ने वाली है, तो व्यापक मंदी की भावना इसके मूल्य में और गिरावट ला सकती है। (Market conditions can often reduce the effectiveness of indicators. Even if it looks like a security is about to rise, widespread bearish sentiment could drive its value down further)

- आपका समय सटीक होना चाहिए। एक बड़ा लाभ कमाने के लिए सही समय पर प्रवेश करना अनिवार्य हो सकता है। (Your timing must be accurate. It may be imperative to enter at the right time to make a huge profit.)
- जिसे बहुत से लोग अंतर्ज्ञान कहते हैं, वह केवल अनुभव है। अन्य सभी चीजों की तरह, आप एक बेहतर व्यापारी बन जाएंगे क्योंकि आप व्यापार में अधिक समय व्यतीत करते हैं और सूक्ष्म बाजार संकेतों को उठाते हैं। (What many call intuition is just experience. Like everything else, you will become a better trader as you spend more time trading and picking up on micro market signals)

अंतिम विचार (Final Thoughts)

- स्विंग ट्रेडिंग शुरुआती लोगों के लिए आदर्श व्यापारिक शैली हो सकती है, और संकेतक व्यापारियों को मूल्य अस्थिरता से लाभ उठाने में मदद कर सकते हैं। (Swing trading can be the ideal trading style for beginners, and indicators can help traders profit from price volatility.)
- हालांकि, भले ही स्विंग ट्रेडिंग में कीमतों में उतार-चढ़ाव निष्क्रिय हो, आपको बुनियादी बातों को नजरअंदाज नहीं करना चाहिए जोखिम प्रबंधन तकनीक.का उपयोग करके झड़ ने बंद आप अपने संतुलन को मिटाए जाने से रोक सकते हैं। (However, even if swing trading has passive price movements, you should not overlook the fundamentals. By using risk management techniques, you can prevent your balance from being wiped out)
- कुछ व्यापारियों को लग सकता है कि ये संकेतक उनकी अपेक्षा के अनुरूप काम नहीं कर रहे हैं। फिर भी, तकनीकी संकेतकों को डिजाइन नहीं किया गया था वायदा कीमतों का पूर्वानुमान 100% सटीकता के साथ चलता है लेकिन गहन बाजार अंतर्दृष्टि के आधार पर आपको बेहतर निर्णय लेने में मदद करने के लिए है (Some traders may find that these indicators are not working as they expected. However, the technical indicators were not designed to forecast futures prices with 100% accuracy but to help you make better decisions based on in-depth market insights.)

13

उदाहरण (Example)

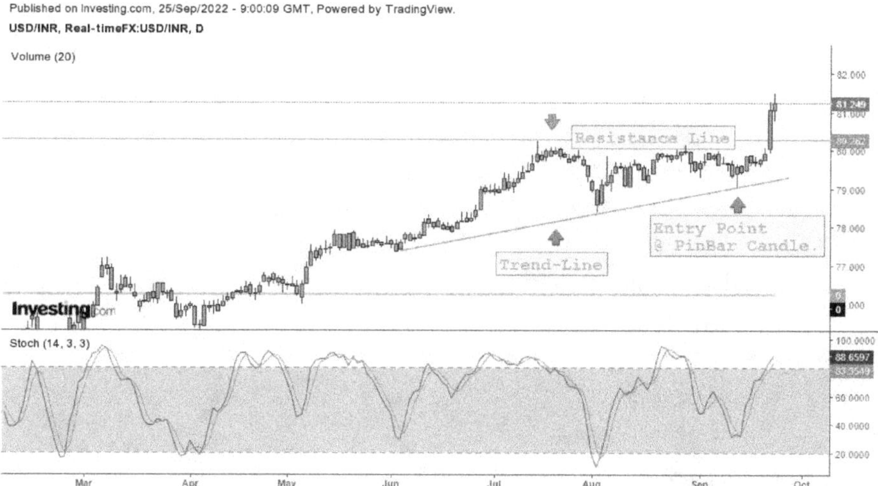

USD-INR Example (Stochastic Ossilator) - Day ChartSource : Investing.Com

Chart : USD/INR

Type : Day Chart // Trend Line

Indicator : Stocastic Indicator

Trend : Uptrend with Resistance line break

Entry point : Pin Bar Candle @ 79.57

प्रवेश बिंदु @ दिन चार्ट पिन बार के साथ बनने के बादः मूल्य स्तरः 79. 57

Entry Point @ Day Chart after made with pin bar : Price level : 79. 57;

ट्रेंड लाइन की जाँच करें, जिसने USD-INR में ऊपरी प्रवृत्ति देखी
(Check trend line , which saw upper trend in USD-INR)

<u>Example: 2</u>

Reliance Industries Weekly Chart With RSI Indicator (Price Action)Source: Investing.com

Chart : Reliance Industries

चार्ट : रिलायंस इंडस्ट्रीज

Type : Weekly Chart

प्रकार: साप्ताहिक चार्ट

Indicator : RSI

संकेतक: आरएसआई

Trend : Weekly Down Trend

रुझान: साप्ताहिक डाउन ट्रेंड

Support Zone : 2400 - 2370.

समर्थन क्षेत्र: 2400 - 2370

☙

<u>Example: 3</u>

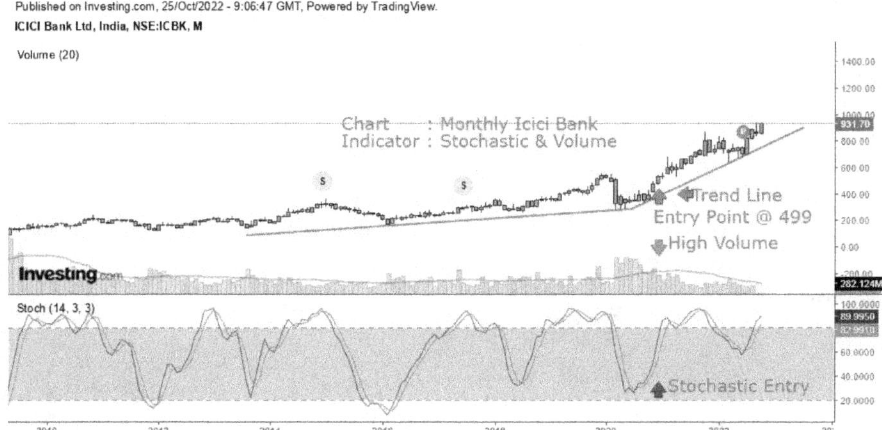

ICICI Bank Monthly ChartSource : In.Investing.com

Chart : ICICI Bank

चार्ट : आईसीआईसीआई बैंक

Indicator : Trend Line & Stochastics Osillator

इंडिकेटर : ट्रेंड लाइन & स्टोचास्टिक्स ओस्किल्लातोर

Base : Volume

बेस : वॉल्यूम

Entry Point : Rs 499

एंट्री पॉइंट : रस ४९९

Exit : Rs 931

एग्जिट : रस ९३१

Example: 1

Daily Chart Tata Motors Ltd,Source : In.Investing.com

Chart Type : Daily Chart

चार्ट टाइप : डेली चार्ट

Chart : Tata Motors Ltd.

चार्ट : टाटा मोटर लिमिटेड

Support Zone : 390-405

सपोर्ट जोन : ३९० -४०५

Indicator : MACD Indicator

इंडिकेटर : मैड इंडिकेटर

Entry : MACD Cross Overs Point

एंट्री पॉइंट : मैड क्रॉस वर्ष पॉइंट

❦

Example : 5

Monthly Chart : Ashok Leyland LtdSource : In.Investing.com

Chart Type : Monthly Chart - Ashok Leyland Ltd

चार्ट टाइप : मंथली चार्ट - अशोक लेलैंड लिमिटेड

Indicator : Moving Average, Stochastics, Volume

इंडिकेटर : मूविंग एवरेज , स्टोचास्टिक्स , वॉल्यूम

Support Zone : 38-53 & 93

सपोर्ट जोन : ३८ -५३ & ९३

Resistance : 166

रेजिस्टेंस : १६६

Entry Point : First if around @ 93 or below then 38-53

एंट्री पॉइंट : फर्स्ट फ्रि अराउंड @ ९३ और बिलो थें 38-५३

14

स्विंग इंट्राडे चार्ट्स (Swing Intraday Charts)

<u>Example 1:</u>

Sun Pharama 1 hrs ChartSource : In.Investing.Com

Chart : 1 hrs - Sun Pharama (चार्ट : 1 घंटे का सन फरमा का चार्ट)
जैसा की चार्ट में दिखाया गया है, उस तरह से चार्ट में आप सेल या बाय एंट्री ले सकते है
<u>Example: 2</u>

4 hours Chart : Bank NiftySource: In.Investing.com

Swing Chart : 4 Hrs Chart

स्विंग चार्ट : 4 घंटे का चार्ट

Swing Sell Entry : 41140

स्विंग सेल एंट्री : 41140

Support Zone : 40611

समर्थन क्षेत्र: 40611

<u>Example: 3</u>

Reliance Chart -1 hrsSource : In.Investing.Com

Chart : Reliance Ind. -1 hrs.
चार्ट : रिलायंस इंडस्ट्रीज -1 बजे
Sell Entry : 2522 & 2495
बिक्री प्रविष्टि : 2522 और 2495
Support Zone : 2423
समर्थन क्षेत्र: 2423
<u>Example :4</u>

Chart : Hero MotoCorp LtdSource : In.Investing.Com

Chart : Hero MotoCorp Limited
चार्ट : हीरो मोटोकॉर्प लिमिटेड
Support Zone : Price : 2550 (Entry Point)
समर्थन क्षेत्र : मूल्य : 2550 (प्रवेश बिंदु)
Resistance Zone : Price 2775 (Exit Entry)
प्रतिरोध क्षेत्र : मूल्य 2775 (प्रवेश से बाहर निकलें)
<u>Example : 5</u>

Nifty 50 Chart (15 Minitus)Source : In.Investing.Com

Chart : 15 Minitus Chart

चार्ट : 15 मिनिटस चार्ट

Sell Entry : Price @ 17758

बिक्री प्रविष्टि : मूल्य @ 17758

Buy Entry : Price @ 17550

एंट्री खरीदें: कीमत @ 17550

15

Useful Sites (उपयोगी साइटें)

Stock Market Information & Indian Site

- www.nseindia.com
- www.bseindia.com

Live Chart Online

- https://in.investing.com/charts/live-charts
- https://in.tradingview.com/chart/

Forex Online Charts

- https://www.dailyfx.com/charts
- https://www.fxstreet.com/rates-charts/chart

Commodities Updates

- https://www.investopedia.com/terms/c/commodity.asp

Mutual Fund Informaiton

- https://groww.in/mutual-funds
- https://www.axismf.com/
- https://www.moneycontrol.com/mutualfundindia/

- https://www.etmoney.com/mutual-funds

Other Useful Sites of Stocks Market

- https://site.financialmodelingprep.com/
- https://www.fool.com/
- https://www.metastock.com/
- https://www.morningstar.com/
- https://www.bloomberg.com/asia
- https://www.wsj.com/news/markets
- https://seekingalpha.com/
- https://www.stockrover.com/
- https://www.zacks.com/
- https://strike.market/
- https://www.screeningtale.com/screener